DEIN PRIVATER HEDGE FUND

Gewinne in jedem Marktumfeld mit den Strategien der Big Player

Niclas Hummel

Risikohinweis

Der Handel mit Finanzinstrumenten wie Futures, Aktien, Optionen, Zertifikaten, Devisen, Kryptowährungen und anderen Anlagen birgt erhebliche Risiken und ist möglicherweise nicht für jeden geeignet. Die im vorliegenden Buch beschriebenen Handelsstrategien und -techniken sind möglicherweise nicht für jede Person oder Situation angemessen. Die vergangenen Ergebnisse garantieren keine zukünftigen Gewinne.

Es ist wichtig zu betonen, dass der Handel mit Finanzmärkten potentiell zu Verlusten führen kann, und du solltest nur mit Kapital handeln, das du bereit bist zu verlieren. Du solltest dir aller Risiken bewusst sein und vor der Umsetzung der im Buch beschriebenen Strategien eine unabhängige Finanzberatung in Anspruch nehmen.

Der Autor und der Verlag dieses Buches übernehmen keine Verantwortung für etwaige finanzielle Verluste oder andere Schäden, die sich aus dem Handel oder der Anwendung der im Buch dargelegten Informationen ergeben könnten. Jeder Leser ist für seine eigenen Handelsentscheidungen verantwortlich und sollte seine finanzielle Situation, seine Risikobereitschaft und seine Anlageziele sorgfältig abwägen.

Der Inhalt dieses Buches dient ausschließlich zu Bildungszwecken und stellt keine Anlageberatung dar. Es liegt in deiner eigenen Verantwortung, vor dem Handel professionelle Beratung einzuholen und die Risiken sorgfältig zu prüfen, bevor du Handelsentscheidungen triffst.

Bitte beachte, dass die Finanzmärkte volatil sein können und sich die Marktbedingungen schnell ändern können. Handel stets verantwortungsbewusst und mit Vorsicht.

Bevor du mit dem Handel beginnst, solltest du dich über die geltenden Gesetze und Vorschriften in deinem Land informieren und sicherstellen, dass du alle erforderlichen Lizenzen und Genehmigungen besitzt.

Bibliografische Information der Deutschen Nationalbibliothek: Die Deutsche Nationalbibliothek verzeichnet diese Publikation in der Deutschen Nationalbibliografie; detaillierte bibliografische Daten sind im Internet über dnb.dnb.de abrufbar.

Verlag: BoD · Books on Demand GmbH, Überseering 33,
22297 Hamburg, bod@bod.de
Druck: Libri Plureos GmbH, Friedensallee 273, 22763 Hamburg

Herausgeber: RiskAlpha – Risk-Alpha.com

ISBN: 978-3-8192-6588-4

Für die, die mehr wollen

Inhaltsverzeichnis

Vorwort

In einer Zeit, in der Immobilien für viele Menschen unerschwinglich bleiben, die Mieten weiter steigen, hohe Staatsverschuldung eine dauerhafte Inflationsgefahr birgt und politische Unsicherheit die Märkte prägt, suchen zahlreiche Anleger nach Wegen ihr Kapital am Finanzmarkt zu sichern und zu vermehren – geraten aber durch die Komplexität und Volatilität der Märkte oft in Verunsicherung. Häufig führen emotionale und unüberlegte Entscheidungen dazu, dass gut gemeinte Anlagestrategien ins Gegenteil umschlagen und die eigentlichen finanziellen Ziele aus dem Blick geraten.

Doch gerade in solchen Phasen gibt es eine Minderheit von Investoren, die von Unsicherheit und Schwankungen ständig profitieren und ihr Kapital auch durch schwierige Marktphasen erfolgreich steuern: institutionelle Investoren, allen voran Hedge Funds – deutsch: Hedgefonds.

Hedgefonds sind spezielle Investmentvehikel, die von nahezu jeder Marktbedingung profitieren können – sei es in einem steigenden, fallenden oder seitwärts tendierenden Markt. Sie verwalten Milliarden von Kundengeldern. Nicht, weil sie Glück haben, sondern weil sie mit Disziplin, globaler Diversifikation, Risiko-Kontrolle und ausgeklügelten Strategien arbeiten.

Der große Vorteil dieser Fonds liegt in ihrer außergewöhnlichen Flexibilität: Sie sind nicht an die Entwicklung des klassischen Aktienmarktes gebunden, sondern können sowohl von steigenden (Long-Positionen) als auch von fallenden Kursen (Short-Positionen) profitieren. Dabei setzen Hedgefonds-Manager häufig komplexe Finanzinstrumente wie Swaps, Futures und Optionen ein, die durch Hebelwirkung zusätzliches Kapital freistellen. Dadurch kann in eine noch größere Bandbreite von Anlageklassen und Sektoren investiert werden.

Meet the Big Players

Spezialisierte Hedgefonds wie die folgenden, navigieren Billionen durch den Finanzmarkt, agieren dabei jedoch unabhängig voneinander.

- **Man Group:** Größter börsennotierter Hedgefonds der Welt mit Fokus auf systematische Strategien und quantitativen Handel. Hat ein AUM (Asset under Management) von rund 175 Milliarden USD.

- **Bridgewater Associates:** Einer der größten Hedgefonds weltweit, bekannt für seine makroökonomische All-Wetter-Strategie, mit einem AUM von ungefähr 89,6 Milliarden USD.

- **Renaissance Technologies:** Führender quantitativer Hedgefonds, bekannt für den Einsatz mathematischer und statistischer Modelle. AUM: 89 Milliarden USD.

- **Citadel:** Einer der erfolgreichsten Hedgefonds in den USA. Bekannt für Multi-Strategie-Ansätze. AUM von über 65 Milliarden USD.

- **Two Sigma:** Zählt zu den profitabelsten quantitativen Hedgefonds und setzt auf datengetriebene, technologiegestützte Investmentstrategien. AUM: 60 Milliarden USD.

- **Soros Fund Management:** Historisch einer der bekanntesten Hedgefonds, heute als Family Office strukturiert. AUM: 28 Milliarden USD.

Kannst du handeln wie die Großen?

Du hast als Privatanleger wahrscheinlich kein Bloomberg Terminal mit Satellitenfotos von Lagerstätten zur Hand oder kannst mit den Algorithmen der besten Quantitative Analysts oder dem High-Frequency-Trading mithalten – doch das musst du nicht. Du kannst dich einfach aus den Praktiken heraushalten, die nicht für dich umsetzbar sind und dir trotzdem die besten Methoden und Denkweisen der Großen aneignen. Du kannst dir dein eigenes Hedgefonds-ähnliches Portfolio aufbauen, das genauso resilient, opportunistisch und marktneutral ist.

Dazu braucht es konkrete Strategien, wie sie in der Praxis von solchen Fonds genutzt werden. Genau diese wirst du in diesem Buch finden. Es werden – nach dem nötigen theoretischen Fundament – verschiedene Beispiel-Portfolios vorgestellt, die jeweils mit passender Analyse- und Management-Strategie praktisch einsetzbar sind: von passiven, langfristig ausgerichteten Ansätzen bis hin zu aktiv gemanagten Portfolios mit Derivaten. Ich bin mir sicher, dass du den Stil finden wirst, der zu dir passt.

Meine Mission

Dieses Buch ist meine Antwort auf eine Finanzwelt, die oft intransparent und elitär wirkt und zugleich ein ehrlicher Einblick in meine eigenen Erfahrungen und Lehren aus unzähligen Transaktionen an den Finanzmärkten.

Ich habe erkannt, dass vielen der Zugang zu echter Finanzbildung fehlt. Wie ich selbst in meinen Anfangsjahren, stoßen die meisten Anfänger nicht auf fundiertes Wissen, sondern auf irreführende Instagram-Versprechen, teure Bankprodukte, dubiose Krypto-Investments oder hochriskante Hebelgeschäfte, deren Mechanismen sie kaum verstehen.

Ich habe dieses Buch geschrieben, um die Bildungslücke zwischen der Finanzelite und privaten Anlegern zu verkleinern. Mein Ziel ist es, dir das nötige Fachwissen über Produkte, Märkte, Strategien und Risikoberechnungen zu vermitteln, damit du dich auf Augenhöhe mit den anspruchsvollsten Investoren der Welt bewegen kannst.

Für wen ist dieses Buch?

"Ein Goldsucher, der nicht vom Glanz des Sandes, sondern vom Gewicht des Metalls geleitet wird, das ist jemand, der Wahrheit höher bewertet als Illusion."

Wenn du auf der Suche nach schnellen Gewinnen und einfachen Abkürzungen bist, wirst du hier nicht fündig, auch wenn an der Börse gelegentlich Glück eine Rolle spielt. Dieses Buch richtet sich an jene, die mehr wollen als dem Glanz der Märkte zu verfallen und die bereit sind, sich der objektiven Wahrheit zu stellen, auch wenn sie oft unbequem ist.

Der Weg zu einem erfolgreichen privaten Hedge Fund verlangt mehr als nur technisches Know-how – er fordert "Out-of-the-box-Denken", Geduld, Disziplin und den Mut, sich dem Wandel der Welt und der Unsicherheit der Märkte zu stellen.

Wer die Denk- und Handlungsweise der großen Wall Street Player versteht, kann ihre Prinzipien im Kleinen adaptieren und damit selbst einen Weg zur finanziellen Freiheit einschlagen. Ein eigener, diszipliniert geführter privater Hedge Fund ist kein Spiel mit Risiko, sondern ein professioneller Umgang damit.

Bist du bereit diesen Weg zu beschreiten, die Kontrolle über dein Finanzportfolio zu übernehmen und wie die Big Player zu handeln?

Dann lass uns beginnen.

Die Kunst der Diversifikation

"Diversifikation ist die Kunst, nicht immer Recht haben zu müssen und trotzdem erfolgreich zu sein."

Wenn ich auf meine frühen Jahre als Investor und Trader zurückblicke, war mein größter Fehler nicht, finanzielle Rückschläge zu erleben, sondern dass ich immer wieder glaubte: Diesmal ist es sicher. Damals handelte ich oft All-In und mit wenig Weitsicht, sowohl was die Marktauswahl als auch den Zeithorizont betraf.

Erst durch die schmerzhaften Erfahrungen von überhöhtem Risiko, fehlender Diversifikation und kurzfristigem Denken habe ich verstanden, dass nachhaltiger Erfolg an den Märkten nicht aus einzelnen Wetten in einem kurzfristigen Horizont entsteht. Wirkliche Stabilität und Wachstum erreiche ich nur durch konsequentes Risikomanagement, breite Streuung innerhalb eines langfristigen Strategie- und Portfolio-Kontextes. Strategisch zu investieren bedeutet für mich heute deshalb auch, niemals All-In zu gehen, sondern flexibel reagieren zu können: Wenn Märkte überhitzt sind oder sich temporäre Unterbewertungen bieten bleibe ich handlungsfähig und kann Chancen konzentriert nutzen, ohne mich zu hohen Risiken auszusetzen.

Gerade in meinen schwierigen Phasen begann ich intensiv zu studieren, wie professionelle Investoren und insbesondere Hedgefonds agieren. Der Wandel in meinem Denken wurde maßgeblich durch die Analyse ihrer Strategien ausgelöst und veränderte mein gesamtes Verständnis für die Finanzmärkte.

Dabei stellte ich mir eine zentrale Frage: Wie schaffen es diese Profis, Jahr für Jahr Krisen, Crashs und Unsicherheiten zu meistern, während ich immer wieder von Emotionen, Überheblichkeit oder planlosem Handeln aus der Bahn geworfen wurde? Mir wurde klar: Erfolg an den Finanzmärkten beruht nicht auf Glück oder bloßem Durchhaltevermögen, sondern auf einem robusten System. Ein System, das auch dann stabil bleibt, wenn einzelne Trades Verluste machen und das langfristig die Früchte sorgfältiger Analyse nach Hause bringt.

Und die Antwort auf meine Frage war überraschend einfach, aber ist eine enorm wirkungsvolle Erkenntnis:

"Erfolgreiche Trader summieren so viele unabhängige Geschäfte mit großem Potential wie möglich."

Was bedeutet das konkret für den Alltag und wie gelingt es, wirklich unabhängige Risiken zu bündeln?

Viele Anleger setzen Diversifikation mit einer Investition in den S&P 500 gleich, also einer Streuung über viele Aktien und Sektoren. Doch das ist oft trügerisch. Der Index ist stark technologiegewichtet und die Aktien im Index korrelieren in Krisenphasen stark miteinander, was auf den ersten Blick nicht so offensichtlich ist. Wirklich marktneutral bist du damit nicht.

Doch es gibt weit mehr als S&P 500 oder MSCI World.

Es gibt Rohstoffe, Währungen, Staats- und Unternehmensanleihen, Metalle und mehr. Innerhalb dieser Assetklassen wiederum gibt es unterschiedliche Märkte, mit unterschiedlichen Treibern, Risiken und Chancen. Es gibt verschiedene ETFs, als auch Derivate wie Optionen und Futures – jedes Instrument mit eigenen Stärken. Und es gibt Strategien, die unkorreliert zueinander laufen, weil sie auf völlig verschiedene Prinzipien setzen wie Trendfolge, Zeitwertverlust, Event-Driven, Volatilität oder Global Macro.

Viele dieser "Diversifikations-Faktoren" bleiben Privatanlegern verborgen – obwohl sie öffentlich handelbar sind.

Ich nenne sie Diversifikatoren.

Sie erlauben es dir, echte Unabhängigkeit im Portfolio zu schaffen – so wie es Hedgefonds seit Jahrzehnten tun. Und sie helfen dir, das entscheidende Handlungsprinzip umzusetzen: möglichst viele unabhängige Trades und Positionen mit attraktivem Chance-Risiko-Verhältnis einzugehen. Denn am Ende entscheidet nicht ein einzelner Volltreffer über deinen Erfolg, sondern die Summe deiner qualitativen Ideen und damit die Fähigkeit, immer wieder Geschäfte mit großem Potenzial zu identifizieren und konsequent umzusetzen.

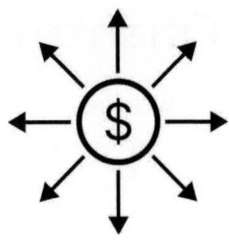

Diversifikator 1

»Assetklassen«

Ich erinnere mich gut an meine ersten Schritte als Investor: Ich habe einfach losgelegt, ohne wirklich zu wissen, welche Märkte und Assetklassen es überhaupt gibt oder wie sie miteinander zusammenhängen. Die Folge waren zufällige Entscheidungen, schwankende Ergebnisse und ein ständiges Gefühl von Unsicherheit.

Erst als ich mir die Zeit genommen habe, die Welt der Finanzmärkte wirklich zu verstehen – ihre Zyklen, ihre Zusammenhänge, ihre Bausteine – konnte ich von systematischer Positionierung in verschiedenen Wirtschaftsbereichen profitieren.

Am Ende dieses Kapitels wirst du zwei konkrete Portfolios kennenlernen, die Diversifikation über Sektoren, Assetklassen und Kreditzyklen hinweg nutzen. Natürlich könntest du direkt zu diesen Strategien springen – doch ich empfehle dir, vorher die Grundlagen zu verstehen – welche Anlageklassen es gibt und wie man in sie investiert. Nur so vermeidest du, dein Portfolio aus bloßem Zufall oder Unwissenheit zusammenzustellen.

Der Finanzmarkt

Der wahre Reichtum dieser Welt liegt nicht in Bargeld unter dem Kopfkissen, sondern in Vermögenswerten – sogenannten Assets. Dazu zählen alle Werte, die grundsätzlich in Geld umtauschbar sind, wie Bankguthaben, Aktien, Anleihen, Rohstoffe, Immobilien und vieles mehr. Je nach Angebot und Nachfrage wechseln diese Vermögenswerte entweder an Börsen oder außerbörslich (OTC) den Besitzer, meist auf Grundlage klar geregelter Verträge und innerhalb eines rechtlichen Rahmens.

Der globale Finanzmarkt umfasst sämtliche Handelsplätze und Plattformen, auf denen dieser Austausch von Vermögenswerten stattfindet. Er bildet das Rückgrat der Weltwirtschaft, indem er Kapitalströme lenkt, Investitionen ermöglicht und Märkte miteinander vernetzt.

Regionale Unterschiede spielen dabei eine große Rolle: Während die USA durch eine liberale Regulierung und hohe Innovationskraft den Takt vorgeben, setzt die EU verstärkt auf nachhaltige Finanzprodukte und strengere Aufsicht. Schwellenländer wie China und die Golfstaaten holen mit beeindruckender Dynamik auf und prägen zunehmend das globale Marktgeschehen. Für Anleger und Unternehmen bedeutet das: Chancen und Risiken sind heute internationaler und vielfältiger denn je.

Für einen klaren Überblick ist es erstmal entscheidend, die Größenordnung der wichtigsten Märkte einzuordnen.

Markt	Größe
Immobilien	650–700 Billionen $
Anleihen	130 Billionen $
Aktien	100–120 Billionen $
Metalle	22–25 Billionen $
Devisen	12–14 Billionen $
Energie	7–10 Billionen $
Agrar	8–10 Billionen $
Krypto	2,8 Billionen $
Holz	0,5 Billionen $
Volatilität	0,2 Billionen $
Kunst- und Sammlerobjekte	0,1 Billionen $

→ Alle Marktwertschätzungen sind vom Stand Mai 2025 und können sich mit der Zeit stark ändern.

Investitionsmöglichkeiten

Jetzt hast du eine grobe Übersicht über die größten Märkte bzw. Assetklassen dieser Welt – doch wie kannst du in diese investieren? Eine Übersicht über die Investitionsmöglichkeiten innerhalb des globalen Finanzmarktes ist genauso wichtig, denn nicht jede Anlageklasse ist für jeden Anleger direkt zugänglich und je nach Verpackung des Produktes ändern sich Risiko, Handelsverfügbarkeit und Kosten.

Ein Rohstoff kann zum Beispiel über einen ETF (Exchange Traded Fond), ETC (Exchange Traded Commodity), Derivat oder sogar über den physischen Kauf gehandelt werden – jede Variante hat ihre Vor- und Nachteile.

→ Derivate wie Futures, Optionen, Optionsscheine, CFDs (Contracts for Difference) und Knockout-Zertifikate bergen wegen dem Einsatz von Hebeln ein höheres Risiko und werden im Kapitel "Diversifikator Long und Short" ausführlich beschrieben.

Außerdem bestimmen die regulatorischen Rahmenbedingungen, in welche Anlagen du als Privatanleger investieren darfst. Ein direktes Investment in Private Equity, einen Hedgefonds oder komplexe Derivate wie Convertible Bonds ist meistens für Private nicht möglich.

Im Folgenden zeige ich dir die gängigsten Wege, wie du in alle Assetklassen und deren Teilmärkte investieren kannst und worauf du dabei achten solltest.

Immobilien

Der Immobilienmarkt ist der größte Finanzmarkt der Welt – er umfasst nicht nur private und gewerbliche Objekte, sondern auch landwirtschaftliche Flächen wie Ackerland und Weiden. Sein enormer Marktwert unterstreicht die zentrale Rolle dieser Anlageklasse im globalen Vermögensaufbau. Immobilien gelten als bewährter Weg, um langfristig Vermögen zu sichern und stabile Einkommensströme zu schaffen. Doch wie kannst du als privater Börsen-Anleger von diesem riesigen Markt profitieren, ohne selbst ein Objekt kaufen zu müssen?

Es gibt mehrere Wege in Immobilien zu investieren, ohne selbst ein physisches Objekt zu besitzen.

- **REITs:** Das sind Unternehmen, die in Immobilien investieren und Erträge aus der Vermietung, Verpachtung oder dem Verkauf von Immobilien generieren. Ähnlich wie Aktien werden sie an der Börse gehandelt. Beispiele sind Realty Income Corp, Public Storage, Prologis oder Simon Property Group. Manche bieten sehr regelmäßige, teils monatliche Gewinnausschüttungen.

- **Immobilienfonds:** Diese Fonds bündeln Kapital von Anlegern und investieren es in verschiedene Immobilienprojekte. Es gibt offene und geschlossene Immobilienfonds. Offene Fonds sind liquide und ermöglichen einen flexiblen Ein- und Ausstieg, während geschlossene Fonds oft langfristige Investitionen mit höherem Risiko beinhalten.

  - Beispiele offener Fonds: DWS Grundbesitz Europa (DWS Group), UniImmo: Deutschland, Swiss Life REF (DE) European Real Estate Living and Working Fonds.

- Beispiel geschlossener Fonds: "asuco ZweitmarktZins 38-2024"[1] – Deutschland, 5.000 € Mindestinvestition, 11 Jahre Laufzeit.

- **Immobilienaktien:** Hierbei handelt es sich um Aktien von Unternehmen, die im Immobiliensektor tätig sind, aber keine REITs sind. Beispiele für Immobilienaktien:

  - **Vonovia SE (Deutschland):** Ein großer deutscher Immobilienkonzern mit Fokus auf Wohnimmobilien.
  - **LEG Immobilien AG (Deutschland):** Verwaltung und Vermietung von Wohnimmobilien.
  - **Nexity (Frankreich):** Ein führender Immobilienentwickler mit Schwerpunkt auf Wohnungsbau, Gewerbeimmobilien und Immobilienservices.
  - **D.R. Horton (USA):** Einer der größten Immobilienentwickler in den USA mit Schwerpunkt auf Wohnbauprojekten.
  - **Brookfield Asset Management (Kanada):** Ein globales Asset-Management-Unternehmen mit umfangreichen Immobilieninvestitionen.

- **Immobilien-ETFs:** Börsengehandelter Fonds wie der "SPDR Dow Jones Global Real Estate", welche eine breite Investition in REITs, Immobilienaktien oder beide, weltweit oder in bestimmten Regionen abbilden.

---

[1] https://www.fondsdiscount.de/beteiligungen/immobilien

- **Agrarland:** Wer gezielt in landwirtschaftliche Nutzflächen investieren möchte, kann auf spezialisierte Agrar-REITs wie Farmland Partners Inc oder Gladstone Land Corp setzen, die Ackerland besitzen und verpachten.

Risiken bei Immobilieninvestments

Wie bei jeder Investition gibt es auch beim Immobilieninvestment Risiken. Marktveränderungen, Zinsanpassungen oder wirtschaftliche Krisen können sich negativ auf die Rendite auswirken. Andererseits bieten Immobilienwerte oft stabile Erträge, insbesondere bei einem langfristigen Investment-Horizont.

Wichtig zu beachten ist, dass die Kursentwicklungen von REITs, Immobilienaktien und Fonds zwar an die Immobilienpreisentwicklung gebunden ist, insbesondere an die Marktwerte der gehaltenen Immobilien und die erzielten Mieteinnahmen – jedoch spielen Faktoren wie das Management des Unternehmens auch eine entscheidende Rolle.

Anleihen

Anleihen sind Wertpapiere, mit denen Anleger einem Staat, Unternehmen oder einer Institution für eine bestimmte Zeit Geld leihen. Im Gegenzug erhalten sie regelmäßige Zinszahlungen – sogenannte Kupons – sowie am Ende der Laufzeit die Rückzahlung des investierten Kapitals. Die Verzinsung kann dabei fest oder variabel sein, und die Laufzeiten reichen von wenigen Monaten bis zu mehreren Jahrzehnten. Anleihen gelten oft als vergleichsweise sichere Investition gegenüber Aktien. Sie können problemlos über ein Wertpapierdepot bei einer Bank oder einem Online-Broker gehandelt werden.

→ Einige spezielle Anleihen bieten am Ende der Laufzeit einen zusätzlichen Bonus oder eine höhere Rückzahlung an, um langfristige Investitionen attraktiver zu machen. Auch steuerliche Vorteile können sich mit dem Halten einer Anleihe bis zum Enddatum ergeben.

Staats- und Unternehmensanleihen

Anleihen werden in verschiedene Kategorien unterteilt. Staatsanleihen, die von Regierungen ausgegeben werden, gelten in der Regel als relativ sicher, besonders wenn sie von wirtschaftlich stabilen Staaten wie Deutschland oder den USA stammen. Unternehmensanleihen hingegen werden von Firmen ausgegeben, um Kapital für Investitionen oder Refinanzierungen bestehender Schulden zu beschaffen. Diese bieten meist höhere Zinsen als Staatsanleihen, weil das Risiko eines Zahlungsausfalls höher ist. Hochzinsanleihen oder Junk Bonds stellen dabei die riskanteste Form von Unternehmensanleihen dar, da sie von Unternehmen mit niedrigerer Bonität herausgegeben werden. Als Privater kannst du nur schwer in solche hochriskanten Bonds investieren, durchaus aber in einen ETF, der viele dieser Junk Bonds bündelt, wie den iShares iBoxx $ High Yield Corporate Bond.

Hedgefonds entscheiden sich oft dafür, einen Teil ihres Portfolios in Bonds zu halten, weil sie im Vergleich zu Aktien als risikoärmer gelten und stabile Erträge bieten. Regelmäßige Zinszahlungen ermöglichen verlässliche Einnahmen, was insbesondere für risikoaverse Portfolios attraktiv ist. Zudem bieten Anleihen eine gute Möglichkeit zur Absicherung eines Portfolios, wegen der inversen Korrelation zum Aktienmarkt. Wenn der Aktienmarkt crasht, stehen die Kursgewinne der Anleihen oft dagegen.

Allerdings sind Anleihen keineswegs risikofrei. Es existiert das Kreditrisiko, welches die Gefahr repräsentiert, dass der Emittent zahlungsunfähig wird und seinen Verpflichtungen nicht mehr nachkommen kann. Daneben existiert ein Zinsrisiko, da steigende Marktzinsen den Wert bereits bestehender Anleihen mindern können. Auch Inflation kann ein Risiko darstellen, da sie den realen Wert der Zinszahlungen reduziert. Schließlich existiert das Liquiditätsrisiko, wenn eine Anleihe schwer handelbar ist.

Anleihen-ETFs

Ein häufig bevorzugtes Mittel für eine Investition in Anleihen ist der Kauf von Anleihen-ETFs, die einen diversifizierten Korb von Anleihen bündeln und somit das Risiko reduzieren. Diese ETFs schütten Zinserträge vierteljährlich aus: z.b. der "iShares Core € Govt Bond", der Staatsanleihen europäischer Länder mit hoher Bonität beinhaltet.

Bond-Futures

Darüber hinaus gibt es die Möglichkeit, indirekt über Derivate an den Anleihemärkten teilzunehmen, z.b. durch den Handel mit Futures. Der ZN-Future (US-Staatsanleihen) und der FGBL-Future (deutsche Bundesanleihen) ermöglichen es Tradern, auf Kursbewegungen und damit indirekt auf die Renditeentwicklung von 8,5- bis 10-jährigen Staatsanleihen zu spekulieren. Der Kurs dieser Futures verhält sich dabei invers zur jeweiligen Anleiherendite. Diese Instrumente werden an der CME (Chicago Mercantile Exchange) und der EUREX (European Exchange) gehandelt und sind für professionelle Anleger ein wichtiger Bestandteil des Risikomanagements, weil damit effizient Zinsrisiken abgesichert werden können.

Aktien

Aktien gehören zu den wichtigsten und zugänglichsten Anlagen weltweit. Mit ihnen kannst du in tausende Unternehmen investieren und so dein Portfolio global diversifizieren. Weltweit existieren rund 50.000 börsennotierte Unternehmen. Über Aktien hast du die Möglichkeit, an der wirtschaftlichen Entwicklung verschiedenster Regionen, Branchen und Geschäftsmodelle teilzuhaben – von Technologiegiganten in den USA bis zu Industriekonzernen in Europa oder wachstumsstarken Unternehmen in Asien.

Du kannst Aktien, wie Anleihen auch, über ein Wertpapierdepot bei einer Bank oder einem Online-Broker handeln. Das Besondere beim Kauf einer Aktie ist, dass du damit einen echten Anteil an einem Unternehmen erwirbst. Du wirst Miteigentümer und hast Anspruch auf einen Teil der Unternehmensgewinne, die oft als Dividende ausgeschüttet werden oder in das Unternehmen reinvestiert werden, was den Wert langfristig steigert.

Vorzugs- und Stammaktien

Stammaktien gewähren dem Aktionär ein Stimmrecht auf der Hauptversammlung und damit Mitspracherecht im Unternehmen, während Vorzugsaktien in der Regel kein Stimmrecht haben.

Vorzugsaktien haben oft eine stabilere und weniger schwankungsanfällige Kursentwicklung als Stammaktien, da sie weniger von spekulativen Käufen und Verkäufen beeinflusst werden und meist bevorzugte, höhere Dividenden bieten. Ihre Kurse liegen im Durchschnitt unter denen der Stammaktien desselben Unternehmens, da ihnen das Stimmrecht fehlt und das Kurssteigerungspotenzial begrenzter ist — durchschnittlich etwa 17–26 % niedriger. Die tatsächliche Kursentwicklung kann aber je nach Unternehmen und Marktsituation unterschiedlich ausfallen. Manchmal entwickeln sich Vorzugs- und Stammaktien auch sehr ähnlich.

ETFs

Eine gute Möglichkeit, gezielt in Aktien einer Region oder bestimmte Themen, Sektoren und Branchen zu investieren, ohne einzelne Aktien auswählen zu müssen, bieten Exchange Traded Funds – ETFs.

→ Wenn du in einen ETF investierst, besitzt du zwar indirekt Anteile an vielen Unternehmen, hast aber kein Stimmrecht auf deren Hauptversammlungen. Stattdessen übt der ETF-Anbieter wie BlackRock oder Vanguard die Stimmrechte für alle Anleger gesammelt aus.

ETFs bilden in der Regel einen bestimmten Aktienindex nach, wobei sie dessen Zusammensetzung automatisch anpassen, wenn sich der Index – etwa durch den Austausch von Unternehmen – verändert. Zu den wichtigsten Indizes wie S&P 500, Nasdaq 100 oder sektoralen Indizes wie S&P 500 Energy oder MSCI World Health Care gibt es jeweils passende ETFs. Am Anfang steht immer die Marke des Fonds. "iShares" ist die Marke von BlackRock.

- **S&P 500 Index:** iShares Core S&P 500
- **Nasdaq 100 Index:** iShares Nasdaq 100
- **S&P 500 Energy Index:** iShares S&P 500 Energy Sector
- **MSCI World Health Care Index:** iShares MSCI World Health Care Sector
- **MSCI China Index:** Xtrackers MSCI China

ETF-Kennzahlen

Für den DAX beispielsweise existieren zahlreiche verschiedene ETFs. Aber welchen davon wählst du am besten aus? Alle bilden zwar denselben Index ab, unterscheiden sich aber bei wichtigen Kennzahlen:

Indexnachbildung

Bei ETFs unterscheidet man grundsätzlich zwischen physischer und synthetischer Nachbildung. Bei der physischen Variante kauft der ETF die tatsächlichen Aktien aus dem zugrunde liegenden Index. Das sorgt für Transparenz und Nachvollziehbarkeit, weil du genau erkennen kannst, in welche Unternehmen investiert wird.

Im Gegensatz dazu bildet ein synthetischer ETF den Index über sogenannte Swaps – also Tauschgeschäfte mit Banken – nach. Diese Methode ermöglicht es, auch in schwer zugängliche Märkte zu investieren. Allerdings besteht dabei ein gewisses Kontrahentenrisiko, da die Wertentwicklung des Index vertraglich garantiert wird und nicht direkt durch die gehaltenen Wertpapiere abgesichert ist.

Ein Extremfall war die Pleite von Lehman Brothers, bei der die vollständige zugesicherte Index-Rendite an ETF-Halter nicht vollständig ausgeglichen werden konnte.

Es gibt auch optimierte – oder partielle, physische Replikation: Der ETF kauft nur eine repräsentative Auswahl der Indexwerte, um Kosten und Handelbarkeit zu optimieren. Das ist besonders bei sehr breiten oder schwer handelbaren Indizes üblich wie z.b. dem Russell 2000, in dem viele kleine Werte enthalten sind, die illiquide sein können. Auch der FTSE All-World mit mehreren hundert tausend Aktien zählt dazu.

Kostenquote

Die Kostenquote gibt an, wie hoch die Kosten des ETFs im Verhältnis zum investierten Vermögen sind – meist als Prozentsatz pro Jahr, z.b. 0,25% per annum. Diese Kosten werden automatisch und anteilig über das Jahr hinweg vom Fondsvermögen abgezogen. Wenn mehrere ETFs denselben Index abbilden, kannst du den ETF mit der niedrigsten Kostenquote auswählen.

Fondsgröße

Die Fondsgröße zeigt, wie viel Geld insgesamt im ETF investiert ist. Große Fonds, z.b. über 1 Milliarde Euro, gelten als stabiler und liquider. Kleine Fonds können unter Umständen geschlossen werden, wenn sie nicht genügend Anlegergelder einsammeln.

Ertragsverwendung

Bei ETFs gibt es zwei grundsätzliche Varianten im Umgang mit Erträgen: thesaurierend und ausschüttend. Thesaurierende ("accumulating") ETFs reinvestieren Erträge wie Dividenden automatisch, wodurch der Wert des Fonds kontinuierlich steigt. Das ist besonders vorteilhaft für Anleger, die langfristig investieren möchten, da so der Zinseszinseffekt optimal genutzt wird.

Im Gegensatz dazu schütten "distributing" ETFs die erzielten Erträge in regelmäßigen Abständen, quartalsweise oder jährlich, direkt an den

Anleger aus. Diese Variante eignet sich vor allem, wenn du laufende Einnahmen aus deinem Investment erhalten und flexibel nutzen möchtest, ohne Anteile verkaufen und dabei Transaktionskosten in Kauf nehmen zu müssen.

Die UCITS Richtlinie

Manche ETFs wie der QQQ an der Nasdaq-Börse sind nicht UCITS-konform (Undertakings for Collective Investment in Transferable Securities), weil sie nach US-amerikanischem Recht aufgelegt wurden und die regulatorischen Anforderungen der europäischen UCITS-Richtlinie zu Diversifikation und Anlegerschutz nicht erfüllen. Hinzu kommen regulatorische Unvereinbarkeiten zwischen US- und EU-Recht, sodass diese Produkte nicht für den Vertrieb in der EU zugelassen sind. Die PRIIPs-Verordnung ("Packaged Retail and Insurance-based Investment Products") schreibt für den Verkauf von börsengehandelten Produkten wie ETFs und ETCs an Privatanleger in der EU ein standardisiertes Basisinformationsblatt (KID) vor – fehlt dieses, ist der Vertrieb untersagt.

Es gibt Wege die UCITS Richtlinie zu umgehen, die allerdings mit Einschränkungen und Risiken verbunden sind:

- **Professioneller Anlegerstatus:** Wer als "professioneller Investor" eingestuft wird, kann weiterhin auf nicht UCITS-konforme ETFs zugreifen. Dafür sind jedoch hohe Anforderungen an Vermögen, Erfahrung und Kenntnisse zu erfüllen.

- **Derivate als Umweg:** Trader können mithilfe von Derivaten wie Knock-out-Zertifikaten, Optionsscheinen oder Optionen indirekt an der Wertentwicklung nicht-UCITS-konformer ETFs partizipieren.

Mit Derivaten ist es also möglich, auf steigende und fallende Kurse eines ETFs zu setzen, ohne den ETF selbst zu besitzen. Diese Vorgehensweise erfordert fundierte Kenntnisse im Umgang mit den Risiken, Hebelwirkung und den Kosten der eingesetzten Derivate.

- **Wohnsitz außerhalb der EU:** Anleger mit Wohnsitz außerhalb der EU, zum Beispiel in der Schweiz oder den USA, können nicht UCITS-konforme US-ETFs kaufen. Die PRIIPs-Verordnung gilt nur für EU-Bürger mit Wohnsitz in der EU. Wer außerhalb der EU lebt und dort steuerlich ansässig ist, kann über internationale Broker wie Interactive Brokers problemlos auf das volle US-ETF-Angebot zugreifen.

Konzentrationsrisiko in ETFs

Die technologie-lastigen "Magnificent 7"-Aktien (Alphabet, Apple, Microsoft, Nvidia, Amazon, Meta, Tesla) wuchsen 2023 in ihrem Anteil im S&P 500 in nur einem Jahr von 20% auf 28% und erreichten bis Mitte 2024 einen neuen Höchststand von rund 32%. Folglich ist eine wirkliche breite Diversifikation nicht mehr gegeben.

Ein wesentlicher Treiber dieser Entwicklung ist das Prinzip der Marktkapitalisierungsgewichtung: Je größer ein Unternehmen an der Börse bewertet wird, desto höher ist sein Anteil im Index, unabhängig davon, ob diese Bewertung fundamental gerechtfertigt ist. Steigen die Kurse der großen Tech-Werte, erhöht sich automatisch ihr Indexgewicht, was wiederum zu weiteren Kapitalzuflüssen führt.

ETF-Investoren tragen tatsächlich zu diesem Konzentrationsrisiko bei: Da immer mehr Anleger passiv in S&P 500-ETFs investieren, fließt bei jedem Kauf automatisch mehr Kapital in die größten Unternehmen des

Index. Eine Studie von Goldman Sachs[2] zeigt, dass diese Entwicklung zu einer Überbewertung der größten Unternehmen führen kann und die Diversifikation im Index immer weiter abnimmt.

Derivate auf Aktien

Auch auf Aktien, Aktienindizes und ETFs lassen sich Derivate handeln, mit denen du gehebelt auf steigende oder fallende Kurse setzen kannst. Möglich ist das etwa über Optionen, Optionsscheine, CFDs, gehebelte ETFs oder Futures – je nach Strategie und Risikoneigung. Was viele Anleger übersehen, ist die Möglichkeit, auch mit moderaten Hebeln wie 1,2x oder 2x zu arbeiten, um das Risiko kontrollierbar zu halten und dennoch Kapital effizient einzusetzen.

Metalle

Metalle erfüllen unterschiedliche Funktionen: Sie dienen sowohl als Wertspeicher als auch als industrielle Rohstoffe. Industriemetalle wie Kupfer, Eisen oder Aluminium sind stark von der wirtschaftlichen Entwicklung und industriellen Nachfrage abhängig und weisen daher eine höhere Korrelation zu Aktienmärkten auf. Silber nimmt eine Sonderrolle ein, da es sowohl als Edelmetall als auch als Industriemetall genutzt wird – etwa die Hälfte der Silbernachfrage stammt aus der Industrie.

Edelmetalle wie Gold gelten hingegen traditionell als "sicherer Hafen" und werden vor allem zur langfristigen Wertaufbewahrung genutzt. Gold ist meist nur gering mit Aktienmärkten korreliert und gewinnt besonders in Zeiten wirtschaftlicher Unsicherheit oder Inflation an Bedeutung.

---

[2] Goldman Sachs Multi Asset Solutions (2023). "Equity Index Concentration and Portfolio Implications." Goldman Sachs Research Insights.
https://am.gs.com/en-int/advisors/insights/article/2023/equity-index-concentration-and-portfolio-implications

Edelmetalle

Der Marktwert von Gold macht mit 21,4 Billionen USD den Großteil der Assetklasse Metalle aus.

Silber wird oft als günstigeres Gegenstück zu Gold betrachtet, hat aber nur einen Marktwert von rund 1,5 Billionen USD. Es ist zudem ein Schlüsselmaterial in der Photovoltaik, da es in Solarzellen eingesetzt wird. Weitere Metalle bewegen sich im Milliardenbereich, mit der Ausnahme von Eisen mit ca. 1,2 Billionen USD Marktwert.

Platin spielt eine zentrale Rolle bei der Nutzung von Wasserstofftechnologie, wo es als Katalysator dient.

Palladium ist aufgrund seiner Anwendung in der Automobilindustrie, vor allem in Abgaskatalysatoren, ein bedeutendes Edelmetall.

Übergangsmetalle

Eisen ist der wichtigste metallischer Konstruktionswerkstoff der Welt, denn er ist für die Stahlproduktion unverzichtbar.

Aluminium ist aufgrund seines geringen Gewichts und seiner Korrosionsbeständigkeit ein zentraler Werkstoff im Leichtbau, insbesondere in der Automobil-, Luft- und Raumfahrtindustrie sowie in Verpackungen und Bauwesen.

Kupfer wird in elektrischen Leitungen, erneuerbaren Energien und dem Ausbau von Stromnetzen verwendet.

Etwa 60% der weltweiten Nickelproduktion wird für die Edelstahlproduktion verwendet. Ein weiterer bedeutender Einsatzbereich ist die Produktion von Batterien für die Elektromobilität, deren Bedeutung stetig wächst.

Auch Kobalt ist trotz des geringen Marktwerts von 4 bis 6 Milliarden USD ein bedeutendes Übergangsmetall, das vor allem in Lithium-Ionen-Batterien und Speziallegierungen verwendet wird.

→ Speziallegierungen sind speziell entwickelte Metallmischungen, die besonders widerstandsfähig oder hitzebeständig sind und deshalb in anspruchsvollen technischen Anwendungen wie der Luftfahrt oder der Medizintechnik eingesetzt werden.

Einflussfaktoren Edelmetalle

Metalle werden durch verschiedene Faktoren beeinflusst, darunter:

- **Angebot und Nachfrage:** Minenproduktion, industrielle Nachfrage (insbesondere bei Silber, Platin und Palladium), sowie Schmuckherstellung.

- **Zentralbanken:** Zentralbanken halten bedeutende Goldreserven und ihre Käufe oder Verkäufe können erhebliche Kursbewegungen auslösen. Insbesondere in Zeiten wirtschaftlicher Unsicherheit neigen Zentralbanken dazu, ihre Goldbestände zu erhöhen.

- **Hedgefonds und institutionelle Investoren:** Diese großen Marktteilnehmer nutzen Edelmetalle oft zur Absicherung gegen Marktrisiken oder zur Spekulation. Ihre Aktivitäten können zu erheblichen Preisschwankungen führen.

- **Makroökonomische Faktoren:** Inflation, Zinssätze, geopolitische Spannungen und Währungsschwankungen haben einen wesentlichen Einfluss auf die Preise von Metallen, insbesondere Gold.

In Metalle an der Börse investieren

Wie kannst du als Privatanleger am Besten an Metallen teilhaben ohne z.B. physisches Gold zu kaufen?

- **ETFs und ETCs:** Für den unkomplizierten Handel mit Edelmetallen bieten ETFs und ETCs eine kostengünstige Möglichkeit. Beispiele: WisdomTree Physical Swiss Gold, iShares Physical Silver, WisdomTree Physical Platinum, Xetra-Gold – das ist ein ETC der Börse Frankfurt, der durch physisches Gold gedeckt ist und auf Wunsch sogar in Gold ausgeliefert werden kann.

- **Futures und Futures-Optionen:** Investoren können an Terminbörsen wie der COMEX (Teil der CME Group) Futures-Kontrakte und Futures-Optionen auf Gold, Silber, Platin oder Palladium handeln. Diese Instrumente bieten Hebelwirkung, erfordern deshalb fundiertes Wissen und Risikomanagement.

- **Knockout-Zertifikate und CFDs:** Für kurzfristige Spekulationen bieten auch Knockout-Zertifikate und CFDs Zugang zum Metall-Markt mit geringerem Kapitaleinsatz als bei Futures.

- **Aktien von Edelmetallminen-Unternehmen:** Investitionen in Unternehmen, die Edelmetalle abbauen oder verarbeiten, bieten indirekte Exposure auf Edelmetalle. Diese Aktien sind oft volatil, da sie sowohl vom Metallpreis als auch von der Unternehmensperformance abhängen. Beispiele: Barrick Gold, Newmont Corporation, Evolution Mining Limited.

- **Aktien von Stahl- und Bergbauunternehmen:** Diese Aktien machen es möglich in börsennotierte Unternehmen zu investieren, die Eisen abbauen oder Stahl produzieren, z.B.: ArcelorMittal, Thyssenkrupp, Voestalpine, Rio Tinto, BHP Group, African Rainbow Minerals.

Devisen

Mit einem täglichen Handelsvolumen von über 6 Billionen USD ist der Devisenmarkt, auch als Foreign Exchange Market (Forex) bezeichnet, der mit Abstand liquideste und aktivste Finanzmarkt der Welt.

Dieses enorme Volumen entsteht vor allem durch den internationalen Handel, spekulative Aktivitäten und geldpolitische Operationen – das sind Maßnahmen von Zentralbanken wie der Europäischen Zentralbank oder der US-Notenbank, die durch den Kauf oder Verkauf von Währungen und Wertpapieren Einfluss auf die Geldmenge und die Wirtschaft nehmen.

Der Devisenmarkt ist dezentral organisiert und funktioniert überwiegend außerbörslich: das heißt, der Handel findet direkt zwischen Banken, Finanzinstituten, Unternehmen und privaten Tradern statt.

Im Zentrum des Marktes stehen die wichtigsten Währungspaare wie EUR/USD, USD/JPY und GBP/USD, auf die über 85 % des weltweiten Handels entfallen. Neben diesen sogenannten Majors gibt es auch zahlreiche Minors wie AUD/JPY (Australian Dollar/Japanese Yen) und exotische Paare wie USD/ZAR (US Dollar/South African Rand).

Neben dem klassischen Spot-Handel, also dem direkten Austausch von Währungen, spielen auch Derivate wie Forex-Futures, Optionen und CFDs eine Rolle, mit denen sowohl auf steigende als auch auf fallende Kurse spekuliert werden kann.

Das bringt sowohl große Chancen als auch erhebliche Risiken mit sich. Der Handel mit Hebelprodukten erfolgt überwiegend über spezialisierte Online-Broker und Plattformen, die Zugang zu Echtzeitkursen bieten.

Die Treiber des Devisenmarktes

Im Kern spekulierst du bei Währungspaaren darauf, dass sich die wirtschaftlichen Aussichten, Zinsen oder politischen Rahmenbedingungen von zwei Währungszonen unterschiedlich entwickeln. Diese Veränderungen spiegeln sich direkt im Wechselkurs wider.

Wichtige Einflussfaktoren sind Zinspolitik, Wirtschaftsdaten, geopolitische Ereignisse und Marktstimmungen. Zentralbanken wie die US-Notenbank (Federal Reserve System – FED) oder die Europäische Zentralbank (EZB) nehmen mit ihren Entscheidungen erheblichen Einfluss auf die Wechselkurse. Auch Handelsbilanzen, Inflationsdaten und politische Unsicherheiten können zu starken Kursschwankungen führen.

Kurzfristiges Forex-Trading

Da die Schwankungen der großen Währungen im Normalfall prozentual gesehen eher gering sind, nutzen viele private Forex-Trader hohe Hebel, um trotzdem auf kurzfristige Bewegungen spekulieren zu können. Machen das auch professionelle Investoren?

Hedgefonds betreiben zwar kurzfristige Währungsspekulationen, aber das ist in der Regel kein klassisches Daytrading wie bei vielen Privatanlegern. Hedgefonds setzen meist auf größere, makroökonomische Trends und Ereignisse und halten ihre Position oft über Tage, Monate oder Jahre, um von fundamentalen Veränderungen im Währungsmarkt zu profitieren. Daytrading mit sehr kurzfristigen Haltezeiten von Minuten bis Stunden ist nicht typisch für Hedgefonds und wird dort in der Regel nicht als Hauptstrategie eingesetzt, da die

Volatilität und der fundamentale Grund aktiv zu werden in diesem Zeitrahmen meistens nicht vorhanden ist. Das ständige hin- und her traden von Forex-Paaren erzeugt eher den Forex-Brokern mit Gebühren und Spreads Geld, als dem Trader.

Anleihen und Aktien in Fremdwährung

Wer von Wechselkursveränderungen profitieren möchte, muss nicht zwangsläufig direkt am Devisenmarkt handeln. Du kannst auch indirekt mit dem Kauf einer Anleihe, einer Aktie oder einem Aktienindex in einer Fremdwährung auf Währungen setzen.

Steigt die Fremdwährung gegenüber deiner Heimatwährung, erhöht sich auch der Wert deiner Anlage in deiner Landeswährung und umgekehrt. In diesem Fall profitierst oder verlierst du indirekt durch Wechselkursänderungen, ohne auf die Währungsentwicklung zu setzen.

In Währungen mit ETCs investieren

Wer fokussiert auf die Entwicklung eines Wechselkurses wie EUR/USD setzen möchte – am besten über mehrere Monate oder Jahre –, kann spezielle Währungs-ETCs wie den "WisdomTree Short USD Long EUR" nutzen. Diese Produkte bilden Wechselkursbewegungen synthetisch über Swap-Geschäfte ab.

Energie

Die Assetklasse Energie umfasst sämtliche Investitionen, die mit der Erzeugung, Verteilung und Nutzung von Energie verbunden sind.

Im Bereich der Erzeugung zählen dazu vor allem Rohstoffe wie Rohöl, Erdgas und Kohle sowie zunehmend erneuerbare Energieträger wie Wind-, Solar- und Wasserkraft.

Erdöl spielt weiterhin eine zentrale Rolle im Energiemarkt, weil es für zahlreiche essentielle Anwendungen unverzichtbar ist und weltweit in großen Mengen nachgefragt wird.

Auch der Handel mit Elektrizität und CO_2-Zertifikaten trägt zum jährlichen Marktwert des Energiemarktes bei, auch wenn der direkte Zugang für Privatanleger eingeschränkt ist.

Darüber hinaus sind Beteiligungen an Infrastrukturprojekten wie Stromnetzen, Pipelines und Speichern auch ein Teil des Energiemarktes. Investments in entsprechende Anlagen und Technologien gewinnen heutzutage an Bedeutung.

Der Handel mit Energie erfolgt oft über Futures-Kontrakte, mit denen auch Privatanleger auf Preisbewegungen spekulieren oder sich gegen Preisschwankungen absichern können. Die bekanntesten Energie-Futures sind der CL-Future für Rohöl (WTI Crude Oil) und der NG-Future für Erdgas (Henry Hub Natural Gas).

Energie hängt stark mit der industriellen Entwicklung zusammen. Auch saisonale Nachfrageschwankungen, wie etwa die erhöhte Erdgasnachfrage im Winter, spielen eine Rolle. Außerdem ist Geopolitik als Treiber des Energiemarktes von entscheidender Bedeutung. So können beispielsweise politische Spannungen in erdölproduzierenden Ländern oder eine neue OPEC Entscheidung zu plötzlichen Preisschocks führen.

→ Die OPEC ist die Organisation erdölexportierender Länder. Insgesamt fördern die OPEC-Mitgliedstaaten ungefähr 40 Prozent der weltweiten Erdölproduktion und besitzen drei Viertel der weltweiten Erdölreserven.

Energieinvestitionen sind wegen dieser Vielzahl von Treibern mit erheblichen Risiken verbunden: Es gibt oft starke Preisschwankungen, die durch die industrielle Angebots- und Nachfragesituation oder politische Entscheidungen beeinflusst werden.

Energie-Aktien

Auf Energiepreise direkt zu spekulieren ist riskant, doch es gibt auch Möglichkeiten, langfristig in Energie zu investieren. Dazu bieten sich ETFs und Aktien von Unternehmen aus dem Energiesektor an. Ein besonders interessanter Ansatz ist es, auf Unternehmen zu setzen, die sich im Bereich der sauberen Energien positionieren, da diese langfristig ein starkes Wachstumspotenzial bieten könnten.

- **Iberdrola:** Ein spanisches Energieversorgungsunternehmen mit Sitz in Bilbao, das weltweit führend in der Erzeugung von Strom aus Windenergie ist.

- **Quest One:** Ein Wasserstoffspezialist, der in Hamburg ein Werk zur Produktion von Elektrolyse-Stacks eröffnet hat. Diese werden zur Herstellung von grünem Wasserstoff verwendet, wobei erneuerbare Energien genutzt werden, um Wasser in Sauerstoff und Wasserstoff aufzuspalten.

- **1Komma5°:** Das Unternehmen entwickelt innovative Technologien für erneuerbare Energien und zählt in Deutschland zu den Pionieren im Bereich Wärmepumpen und Photovoltaiklösungen.

- **Clean Energy ETFs:** Der "iShares Global Clean Energy" oder "Amundi MSCI New Energy ESG Screened" ist auf Unternehmen mit dem Themenschwerpunkt saubere Energien spezialisiert.

→ Du kannst auch in klassische Energieunternehmen wie Exxon Mobil, Chevron oder Equinor investieren, die trotz ihres Schwerpunkts auf Öl und Gas weiterhin eine wichtige Rolle am Energiemarkt spielen.

Agrar

Der Agrarmarkt zählt zu den wichtigsten Märkten, da er die Grundversorgung der wachsenden Weltbevölkerung sicherstellt. Hinzu kommen Umsätze aus vor- und nachgelagerten Bereichen wie Agrartechnik, Verarbeitung und Handel. Investierbar sind z.B. Unternehmen aus dem Agrarsektor wie Linas Agro Group AB oder Deere & Company, die von der Entwicklung der Landwirtschaft profitieren.

Agrarprodukte werden hauptsächlich als Futures an spezialisierten Terminbörsen wie der Chicago Board of Trade (CBOT), der CME und der ICE Futures U.S. (Intercontinental Exchange) gehandelt. Diese ermöglichen es, Lieferungen zu organisieren und auf Preisbewegungen standardisierter Mengen und Sorten von Agrar-Rohstoffen zu spekulieren oder sich gegen Preisschwankungen abzusichern. Der Agrar-Futures-Markt ist für institutionelle Anleger, Agrarbetriebe und Spekulanten von Interesse. Die wichtigsten und meist gehandelten Produkte sind:

- **Kaffee (Coffee):** Kaffee zählt zu den am häufigsten gehandelten Agrar-Futures und wird hauptsächlich in tropischen Ländern wie Brasilien, Vietnam, Kolumbien und Äthiopien angebaut. Es gibt zwei Hauptsorten, die gehandelt werden: Arabica und Robusta.

Die Preise von Kaffee-Futures werden stark von Faktoren wie Wetterbedingungen, Ernteausfällen, politischen Entscheidungen, Transportkosten und der Nachfrage nach Kaffeeprodukten beeinflusst.
Der Future an der ICE U.S. heißt "Coffee C Future".

- **Kakao (Cocoa):** Kakao wird großteils in der Elfenbeinküste, Ghana und Nigeria angebaut. Kakao-Futures dienen vor allem der Absicherung für Schokoladenhersteller gegen Preisschwankungen.
  Wichtige Einflussfaktoren sind Wetterbedingungen, politische Stabilität in Anbaugebieten und die globale Nachfrage nach Schokolade. Der Handel erfolgt hauptsächlich an der ICE U.S..

- **Mais (Corn):** Mais ist einer der wichtigsten Agrarrohstoffe weltweit und wird für Nahrungsmittel, Tierfutter und zur Herstellung von Biokraftstoffen verwendet.
  Kursbewegungen werden stark von Ernteergebnissen, Wetterbedingungen und politischen Maßnahmen beeinflusst. Mais-Futures sind die am häufigsten gehandelten Agrar-Futures an der CBOT.

- **Weizen (Wheat):** Weizen ist eines der bedeutendsten Grundnahrungsmittel und wird auf allen Kontinenten angebaut. Weizen-Futures dienen zur Absicherung gegen Preisänderungen, die durch Ernteausfälle, Wetterextreme oder politische Ereignisse entstehen können.
  Sie werden hauptsächlich an der CBOT gehandelt.

- **Sojabohnen (Soybeans):** Sojabohnen sind essentiell für die Produktion von Lebensmitteln, Tierfutter und Biodiesel. Die Preise werden von der globalen Nachfrage, Wettereinflüssen und Handelskonflikten beeinflusst. Sojabohnen-Futures werden ebenfalls an der CBOT gehandelt.

- **Baumwolle (Cotton):** Baumwolle ist eine der wichtigsten Naturfasern weltweit und spielt eine zentrale Rolle in der Textilindustrie. Die Preise für Baumwolle werden von Wetterbedingungen, Erntemengen, globaler Nachfrage und Handelsabkommen beeinflusst. Baumwoll-Futures werden an der ICE U.S. gehandelt.

- **Orangensaft (Concentrated Orange Juice):** Der Preis für Orangensaftkonzentrat ist besonders anfällig für Wettereinflüsse wie Hurrikans in Anbaugebieten wie Florida oder Brasilien sowie für Ernteausfälle durch Insektenbefall oder Pflanzenkrankheiten.
Orangensaft-Futures werden ausschließlich an der ICE U.S. gehandelt (Frozen Concentrated Orange Juice – FCOJ-A).

- **Lebendrind (Live Cattle):** Lebendrind-Futures dienen der Absicherung für Landwirte und Verarbeiter von Rindfleisch. Der Preis wird durch Faktoren wie Viehzuchtkosten, Futterpreise, Verbrauchernachfrage und Exportmärkte beeinflusst. Der Handel findet nur auf der CME statt.

- **Zucker (Raw Sugar):** Zucker ist ein global bedeutender Agrarrohstoff, der stark von klimatischen Bedingungen, Erntezyklen und geopolitischen Entwicklungen in Anbaugebieten wie Brasilien, Indien oder Thailand beeinflusst wird. Auch staatliche Subventionen oder Exportstops – wie manchmal in Indien – wirken sich auf die Preisbildung aus. Zucker-Futures wie der "Sugar No. 11" werden ebenfalls an der ICE U.S. gehandelt.

Futures stehen allen Privatanlegern offen, die bereit sind, die damit verbundenen Risiken zu tragen. Der Handel mit Agrar-Futures gilt allerdings als besonders volatil, da die Kurse stark von kurzfristigen Ereignissen wie Wetterkatastrophen, Schädlingsbefall oder politischen Entscheidungen beeinflusst werden. Gleichzeitig bieten sie aber auch eine gute Möglichkeit zur Diversifikation, da Agrarprodukte in der Regel fast gar nicht mit den breiten Finanzmärkten korreliert sind.

→ Agrar-Futures-Kontrakte an der ICE U.S. sind teilweise sehr kapitalintensiv, deshalb sind Trading-Produkte mit weniger Kapitalanforderung eine Alternative. Dazu gehören Knockout-Zertifikate und CFDs, welche im Kapitel "Diversifikator Long und Short" ausführlich erklärt werden.

ETFs und ETCs für Rohstoffe

Für diejenigen, die langfristig in Agrarrohstoffe investieren möchten, bieten ETFs und ETCs eine Möglichkeit, an der Wertentwicklung eines gesamten Rohstoffkorbs zu partizipieren. Solche Produkte bilden in der Regel Indizes nach, die verschiedene Agrarrohstoffe gewichten. Beispiele: VanEck Agribusiness, iShares Agribusiness, WisdomTree Agriculture.

Lebensmittel-Inflation

In einer inflationären Wirtschaft, in der Lebensmittelpreise steigen, ist der Handel mit Agrarprodukten für den Privaten besonders interessant. Durch Kauf von Futures oder Agrarfonds kannst du dich gegen Preissteigerungen im Supermarkt absichern, d.h. der Gewinn der steigenden Kurse gleicht die Ausgaben für höhere Lebensmittel aus.

Spekulation mit Lebensmitteln

Die Spekulation mit Agrarrohstoffen gilt oft als ethisch bedenklich – vor allem, wenn vermutet wird, dass Preissteigerungen durch Finanzmärkte Hunger und Armut verschärfen könnten. Doch in der Praxis ist der Einfluss privater Anleger auf die Preisbildung in diesen Märkten sehr begrenzt.

Private Anleger tragen zur Liquidität der Agrarmärkte bei, ohne nennenswerten Einfluss auf die Preisentwicklung zu haben. Fundamentale Faktoren wie Wetter, Ernten, Lagerbestände, Transportkosten und geopolitische Risiken haben nach wie vor einen größeren, logischen Einfluss auf die Preise. Die wichtigsten Marktteilnehmer sind Produzenten, Verarbeiter, Großhändler und institutionelle Investoren, die Terminmärkte nutzen, um physische Lieferketten zu organisieren oder sich gegen Preisschwankungen abzusichern.

Eine informierte und verantwortungsvolle Teilnahme am Handel mit Agrarrohstoffen ist daher grundsätzlich möglich – solange sie mit dem nötigen Respekt für die reale Bedeutung dieser Güter erfolgt.

WASDE Report

Der WASDE Report ist ein Bericht, den man als Agrar-Händler auf dem Schirm haben sollte. Er wird vom U.S. Department of Agriculture (USDA) monatlich veröffentlicht. Die Veröffentlichungstermine liegen zwischen dem 8. und 12. eines jeden Monats um 12:00 Uhr Eastern Time (−6 Stunden zur Berlin-Zeit).

Der Bericht steht auf der USDA Webseite als PDF oder Textdatei zum Download bereit: https://www.usda.gov.

Zusätzlich veröffentlichen Finanznachrichten-Webseiten wie https://www.agweb.com regelmäßig relevante Artikel über Agrar-Neuigkeiten und interpretieren unter anderem die aktuellen WASDE-Berichte. Das ist ideal für einen schnellen und fundierten Überblick über die wichtigsten Entwicklungen am Agrarmarkt.

→ Es ist schwierig, alle Agrar-, Metall- und Energieprodukte vollständig aufzulisten, da viele Rohstoffe zwar für die Industrie wichtig sind, aber nicht an der Börse gehandelt werden. Ein Beispiel dafür ist Rhodium, das zwar als physisches Metall gehandelt werden kann, aber nicht wie Gold oder Öl an klassischen Börsen oder Terminbörsen verfügbar ist. Eine umfassende Übersicht über die wichtigsten globalen

Import- und Exportgüter, einschließlich vieler Rohstoffe, die nur über Umwege oder spezialisierte Produkte handelbar sind, bietet z.B. diese Übersicht von TradingEconomics:

https://tradingeconomics.com/commodities/trademap

Kryptowährungen

Kryptowährungen werden überwiegend an Online-Börsen wie Binance, Bitmex oder Coinbase gehandelt. Während in Deutschland und der EU mittlerweile strengere Regeln gelten und einige Börsen von der BaFin reguliert werden, sind viele internationale Plattformen weiterhin kaum oder gar nicht beaufsichtigt. Nicht regulierte Börsen bieten nach wie vor Produkte mit extrem hohen Hebeln wie Perpetual-Futures an, welche für Anleger mit hohen Risiken verbunden sind.

Der Kryptomarkt ist anfällig für Betrugsmaschen. Scams wie Airdrop-Betrügereien, MEV-Bots oder sogenannte Rugpulls, bei denen Projekte plötzlich verschwinden und das Geld der Anleger verloren geht, sind keine Wenigkeit.

Anleger, die in Kryptowährungen investieren möchten, sollten sich der typischen Risiken wie fehlender Regulierung, Scams und Marktmanipulation bewusst sein. Außerdem sind Kursausschläge von 10 % oder mehr an einem Tag keine Seltenheit. Damit ist ein Crypto-Only-Portfolio deutlich stärkeren Schwankungen im Vergleich zu einem Aktienportfolio ausgesetzt. Es ist daher zu empfehlen, nicht 100 % eines Portfolios in Kryptowährungen zu halten und auf eine lange Haltedauer zu setzen, um bei kurzfristigen Schwankungen nicht überzureagieren.

→ Die Blockchain-Technologie hinter Kryptowährungen könnte auch traditionelle Finanzmärkte grundlegend verändern. Sie sichert Eigentumsrechte, Transaktionshistorie und Echtheit durch ihre dezentrale, fälschungssichere Struktur und schafft damit ein neues Fundament für den Handel mit realen Werten in der digitalen Welt.

Bitcoin und das Mining

Bitcoin gilt als das "Original" und ist auch heute noch die bekannteste Kryptowährung – mit einem Anteil von etwa 63% der gesamten Krypto-Marktkapitalisierung. Bitcoin gilt zunehmend als werterhaltende Anlage, ähnlich wie Gold, aber mit dem Vorteil der digitalen und dezentralen Natur, was es für viele als Absicherung unsichere Finanzsysteme attraktiv macht.

Viele Investoren setzen auf Bitcoin, weil die Gesamtmenge dauerhaft auf 21 Millionen Coins begrenzt ist – sie sehen darin einen Schutz vor Inflation. Die Hoffnung ist, dass diese Knappheit den Wert langfristig steigen lässt.

Um neue Bitcoins zu erschaffen, müssen sie gemined werden: das bedeutet, dass Miner mit spezieller Hardware komplexe Rechenaufgaben lösen und dafür mit neuen Coins belohnt werden. Dieses Verfahren nennt man Proof-of-Work. Durch das Lösen dieser Aufgaben werden Transaktionen überprüft und zur Blockchain hinzugefügt, wodurch das Bitcoin-Netzwerk dezentral gesichert und Manipulationen durch einzelne Teilnehmer erheblich erschwert werden.

Da sich die Rechenleistung eines normalen PCs kaum für das Mining lohnt und die Stromkosten für Privathaushalte meist zu hoch sind, bietet es sich an, in professionelle Mining-Farmen zu investieren. Professionelle Farmen bündeln große Mengen an spezieller Hardware und profitieren von günstigeren Strompreisen, was das Mining deutlich effizienter und wirtschaftlicher macht. Bekannte Bitcoin-Mining-Pools sind: Foundry USA, AntPool, ViaBTC, F2Pool und Luxor Mining Pool.

→ Ein zentrales Ereignis im Bitcoin-Ökosystem ist das sogenannte Halving: Etwa alle vier Jahre halbiert sich die Belohnung für das Mining neuer Blöcke, wodurch die Menge neu geschaffener Bitcoins sinkt. Das beeinflusst das Angebot und kann sich stark auf den Kurs auswirken.

Neben Bitcoin gibt es tausende sogenannte Altcoins, also alternative Kryptowährungen. Viele dieser Projekte starten direkt mit einem ICO

(Initial Coin Offering) und sind damit früh an Börsen kaufbar. Das ermöglicht zwar frühe Investments, ist aber mit besonders hohen Risiken verbunden, da viele Projekte scheitern oder sogar betrügerisch sind. Wer sich für Altcoins interessiert, kann sich auf Webseiten wie CoinMarketCap oder CoinGecko einen Überblick verschaffen.

Staking

Staking ist eine Methode, bei der du deine Coins dem Netzwerk zur Verfügung stellst und dafür zusätzliche Coins als Belohnung erhältst – ähnlich wie Dividenden bei Aktien. Beim Proof-of-Stake sorgt dein Einsatz dafür, dass du Transaktionen validieren kannst. Das macht das Netzwerk sicherer, da Validatoren ehrlich bleiben müssen, um ihren Einsatz nicht zu verlieren. Zudem ist Proof-of-Stake energieeffizienter als Proof-of-Work-Mining.

Um zu staken, brauchst du eine Mindestanzahl an Coins, bei Ethereum z.B. 32 ETH. Wer weniger besitzt oder sich nicht selbst um die Technik kümmern möchte, kann sich Staking-Pools anschließen oder Staking-Dienste von Börsen nutzen. Dabei werden die Coins vieler Nutzer gebündelt, um gemeinsam Proof-of-Stake zu betreiben.

Krypto Market Making

Du kannst in der dezentralen Kryptowelt auch auf der Brokerseite agieren. Als Liquiditätsanbieter (Liquidity Provider) bietest du zwei verschiedene Kryptowährungen in einem Pool zum Kauf für andere Nutzer an – z.B. ETH und USDC (ein Coin, der immer den Wert von einem Dollar anstrebt). Nutzer können dann über diesen Pool direkt zwischen den beiden Coins tauschen. Als Liquiditätsanbieter verdienst du an den Transaktionsgebühren, die bei jedem Tausch anfallen.

Allerdings gibt es dabei auch Risiken, insbesondere den sogenannten Impermanent Loss. Dieser entsteht, wenn sich die Preise zweier Coins in einem Liquiditätspool stark auseinander entwickeln.

Da der Pool stets ein Gleichgewicht hält, z. B. 50/50 ETH/USDC, wird automatisch umgeschichtet. Das kann dazu führen, dass du beim Ausstieg weniger bekommst, als wenn du die Coins einfach gehalten hättest.

Eine Lösung: Investitionen in sogenannte Vaults. Das sind Smart Contracts, die automatisierte Strategien anwenden, um den Impermanent Loss zu reduzieren – durch Rebalancing, Hedging oder andere Strategien. Einer der ältesten Anbieter solcher und anderer Vaults ist Yearn Finance (https://yearn.fi/apps/vaults), ein weiterer ist Charm Finance (https://alpha.charm.fi/ethereum/vaults).

Kryptowährungen als Zahlungsmittel

Auch wenn Kryptowährungen trotz technischer Vorteile bisher nur eine geringe Rolle als Zahlungsmittel spielen, sind sie für Menschen in Ländern mit instabilen oder stark abwertenden Währungen wie derzeit in Venezuela eine wichtige Alternative. Gerade Bitcoin gewinnt hier an Bedeutung, da er unabhängig von lokalen Banken und Regierungen genutzt werden kann.

Eine wichtige Technologie für die Alltagstauglichkeit von Bitcoin als Zahlungsmittel ist das Lightning-Netzwerk. Diese sogenannte Layer-2-Technologie ermöglicht es, Bitcoin-Transaktionen nahezu in Echtzeit und mit minimalen Gebühren durchzuführen, indem sie die Transaktionen außerhalb der eigentlichen Blockchain über sogenannte Zahlungskanäle abwickelt.

Ein Nachteil von Kryptowährungen als Zahlungsmittel ist allerdings die fehlende Möglichkeit zur Rückabwicklung: Anders als bei Kreditkarten können Transaktionen nicht storniert oder zurückgebucht werden, wenn ein Betrug vorliegt oder Ware nicht geliefert wird. Zudem fehlt die rechtliche Einbettung: es gibt keine zentrale Instanz, keine klaren Verbraucherrechte und wegen der Dezentralisierung und Anonymität fast keine Möglichkeiten, Ansprüche auf dem Rechtsweg durchzusetzen.

In Krypto investieren

Du kannst auf viele Arten in Krypto investieren. Bisher ist der Standardweg, einen Coin auf einer Online-Börse wie Binance mit Kreditkarte oder anderen Zahlungsmitteln zu kaufen. Danach kannst du einen der folgenden drei Wege gehen: Erstens könntest du einfach die Coins auf der Exchange halten – der Nachteil: du besitzt nicht den den Privatschlüssel für diese. Zweitens könntest du dir eine eigene sogenannte Cold-Wallet, wie etwa die TrustWallet, erstellen und damit deine Coins im Besitz des Privatschlüssels verwahren – das bedeutet: Auch wenn die Online-Börse, bei der du gekauft hast, nicht mehr existiert, sind deine Coins sicher. Drittens könntest du dich dafür entscheiden in das DeFi-System (Decentralized Finance) einzutreten z.B. in dem du deine Coins auf die MetaMask Wallet sendest und sie dann auf Uniswap in ander Coins umtauschst oder mit Staking-Protokollen oder anderen "Smart Contracts" interagierst. Damit hast du, wie bei der vorigen Variante auch, die volle Kontrolle über deine Krypto-Assets.

Darüber hinaus gibt es mittlerweile auch klassische Produkte im traditionellen Finanzsystem, die nach den bekannten Wertpapierstandards reguliert sind und einen indirekten Zugang zu Blockchain und Kryptowährungen ermöglichen. Dazu zählen:

- **Microstrategy:** Diese Aktie bewegt sich fast 1:1 mit Bitcoin, weil der Firmengründer sich entschieden hat, eine halbe Million Bitcoin über die letzten Jahre als Asset für die Firma zu kaufen.

- **Coinbase:** Eine börsennotierte Krypto-Börse, die mit dem Interesse an Kryptowährungen steigt und fällt.

- **Bitcoin ETP:** Der iShares Bitcoin ETP (Exchange Traded Product) ist seit 2024 für US-Bürger verfügbar. Es können Derivate darauf als EU-Bürger gehandelt werden.

- **Blockchain ETF:** Für europäische Anleger gibt es auch UCITS-konforme Produkte wie den "iShares Blockchain Technology", der in Unternehmen investiert, die im Blockchain-Bereich tätig sind.

Volatilität

Ja, man kann "Angst" auch direkt handeln – mit einem Volatility Index wie dem VIX. Der Volatilitätsmarkt ist kein klassischer Markt für reale Güter, sondern umfasst Finanzprodukte, die auf Kursschwankungen – Volatilität – setzen.

→ Der gesamte Markt für Finanzderivate – einschließlich Optionen, Futures, Swaps, CDS, Forwards und mehr – hat ein Nominalvolumen von über einer Billiarde USD, also ein Vielfaches des weltweiten Bruttoinlandsproduktes. Dieser Wert bezieht sich jedoch auf die Summe aller Basiswerte der offenen Kontrakte. Tatsächlich investiert wird meist nur ein Bruchteil davon, da bei Derivaten nur eine geringe Sicherheitsleistung (Margin) nötig ist.

Der VIX misst die erwartete Schwankungsbreite des US-Aktienmarkts auf Basis von Optionen auf den S&P 500. Genauer gesagt zeigt der VIX an, wie viel Unsicherheit in den nächsten 30 Tagen im Markt erwartet wird. Steigt der VIX stark an, preisen Investoren ein höheres Risiko ein.

Obwohl der VIX selbst nicht direkt investierbar ist, wie eine Aktie, gibt es zahlreiche Möglichkeiten an seiner Entwicklung zu partizipieren. Für professionelle Händler sind VIX Futures an der Cboe Futures Exchange CFE ein gängiges Instrument, um auf steigende oder fallende Volatilität zu spekulieren oder sich gegen Marktrisiken abzusichern.

Für Privatanleger existieren zudem börsengehandelte Produkte wie der "Amundi S&P 500 VIX Futures Enhanced Roll" oder der "WisdomTree S&P 500 VIX Short-Term Futures 2.25x Daily Leveraged".

→ Weil alle diese Instrumente auf Futures basieren, sind sie eher für kurzfristige Strategien geeignet. Der Grund dafür liegt im sogenannten Contango-Effekt: Wenn länger laufende Futures teurer sind als kurzfristige oder als der aktuelle Spot-Preis, entsteht ein struktureller Nachteil, denn VIX-ETFs müssen regelmäßig auslaufende Kontrakte in weiter entfernte verschieben – sie kaufen teurer und verkaufen günstiger. Dieses sogenannte Rollen führt in ruhigen Marktphasen mit niedriger Volatilität zu einem systematischen Wertverlust. Langfristiges Halten kann deshalb zu erheblichen Verlusten führen. Deshalb eignen sich diese Produkte vor allem für timing basierte, taktische Einsätze rund um erwartete Volatilitätsspitzen.

Holz

Der Holzmarkt umfasst den weltweiten Handel mit Holzprodukten wie Schnittholz, Rundholz, Zellstoff und Papier.

Obwohl Holz im Vergleich zu Öl oder Gold weniger Aufmerksamkeit erhält, ist er ein bedeutender Rohstoff und hat in bestimmten Marktphasen extreme Preisschwankungen gezeigt, z.B. während der Corona-Pandemie, als Lieferkettenengpässe und hohe Bauaktivitäten den Preis in die Höhe trieben.

Bauholz ist ein börsengehandelter Rohstoff, der in erster Linie in der Bau- und Möbelindustrie verwendet wird. An der CME können institutionelle und erfahrene Anleger Lumber Futures handeln, bei denen standardisierte Kontrakte auf Baumaterialien wie den "Random Length Lumber-Futures" abgeschlossen werden. Diese Futures sind allerdings sehr volatil und benötigen hohe Sicherheitsleistungen (Margins), wodurch sie für Privatanleger eher ungeeignet sind.

Für Privatanleger bieten sich zudem spezialisierte ETFs wie der "iShares Global Timber & Forestry" an. Dieser ETF bündelt Aktien von Unternehmen, die weltweit Wälder besitzen, Forstwirtschaft betreiben, Holz verarbeiten oder Holzprodukte vertreiben. So kannst du einfach und breit gestreut an der Entwicklung des Holzmarkts teilhaben, ohne dich mit der Komplexität von Derivaten auseinandersetzen zu müssen.

Kunst- und Sammlermarkt

Der Markt für Kunst- und Sammlerobjekte ist ein spezieller Bereich alternativer Investments. Er ist relativ klein und gilt als vergleichsweise illiquide, da Verkäufe oft Zeit benötigen und stark vom individuellen Käuferinteresse abhängen. Dennoch ist dieser Markt interessant: Hochwertige Sammlerstücke können langfristig im Wert steigen, gelten als inflationsresistent und bieten zudem einen emotionalen oder kulturellen Mehrwert, den klassische Finanzanlagen nicht leisten können.

Der internationale Kunstmarkt ist rund 57,5 Milliarden USD schwer und umfasst den Handel mit Gemälden, Skulpturen, Antiquitäten und anderen Sammlerstücken. Der Zugang zum Markt hat sich in den letzten Jahren stark verändert: Digitale Plattformen, Auktionen im Internet und jüngere Käufergruppen haben den Kunsthandel geöffnet und breiter zugänglich gemacht.

Der Sammlermarkt wird aktuell auf etwa 50 Milliarden USD geschätzt und ist sehr vielfältig. Neben Klassikern wie Briefmarken, Münzen, Oldtimern und Uhren begeistern längst auch moderne Sammelobjekte Investoren und Liebhaber. Pokémon-Karten, seltene Sneaker, limitierte Designerstücke, Vintage-Spielzeug, Comics und digitale Kunstwerke in Form von NFTs erzielen auf Auktionen und Online-Marktplätzen immer wieder beachtliche Preise.

Fokus: Aktien

Aktien bieten mit ihrer großen Anzahl und Vielfalt eine der besten Möglichkeiten zur Diversifikation, denn sie repräsentieren Teilhabe an Unternehmen mit unterschiedlichen Geschäftsmodellen, Strategien und Risikoprofilen.

Sektoren

Aktien-Sektoren sind Kategorien von Unternehmen, die ähnliche Produkte oder Dienstleistungen anbieten und auf ähnliche Markttrends und wirtschaftliche Bedingungen reagieren.

Die folgende Tabelle gibt einen Überblick über verschiedene Sektoren und beispielhafte Unternehmen, die den Sektor repräsentieren:

Sektor	Beispielhafte Unternehmen
Basic Materials (Basismaterialien)	BHP Group, Rio Tonto, BASF
Communication Services (Kommunikationsdienste)	Meta, Alphabet, Verizon
Consumer Cyclical (Nicht-Basiskonsumgüter)	Amazon, Tesla, Nike
Consumer Defensive (Basiskonsumgüter)	Procter & Gamble, Coca-Cola, Nestlé
Energy	ExxonMobil, Chevron, Shell

Financial	JPMorgan Chase, Goldman Sachs, Deutsche Bank
Healthcare (Gesundheitswesen)	Johnson & Johnson, Pfizer, Roche
Industrials (Industrie)	General Electric, Siemens, Caterpillar
Real Estate (Immobilien)	Realty Income Corporation, Simon Property Group, Vonovia
Technology	Nvidia, Apple, Microsoft
Utilities (Versorger)	NextEra Energy, Duke Energy, E.ON

Industrien

Noch eine Stufe tiefer gehend, gibt es in jedem Sektor verschiedene Industrien, im Deutschen auch Branchen genannt. Innerhalb einer Industrie gibt es sogar noch weitere Unterindustrien – Subbranchen. Hier sind z.B. einige Industrien im Communication Services Sektor aufgelistet:

Communication Services	
Industrie	**Beispielhafte Unternehmen**
Advertising Agencies (Werbeagenturen)	WPP, Omnicom Group, Publicis Groupe
Broadcasting (Rundfunk)	Comcast, Fox Corporation, Sinclair Broadcast Group
Electronic Gaming	Activision Blizzard, Electronic Arts, Take-Two Interactive
Entertainment (Unterhaltung)	Walt Disney, Warner Bros. Discovery, Live Nation
Internet Content & Information	Alphabet, Meta, Baidu
Telecom Services (Telekommunikationsdienste)	AT&T, Verizon, Deutsche Telekom

Die Wertschöpfungskette

Eine Einordnung und das Wissen über Aktien-Sektoren und Industrien hilft nicht nur bei der strategischen Diversifizierung, es schafft auch ein mentales Modell der Unternehmensverflechtungen in deinem Kopf. Dieses Modell hilft dir, die komplexen Verflechtungen von Lieferketten (Supply Chains) und im Weiteren die Wertschöpfung (Value Chain) zu durchdringen und damit wichtige Nachrichten besser einzuordnen.

Entsteht beispielsweise ein Lieferengpass im Halbleiterbereich, betrifft das nicht nur die Halbleiter-Subbranche selbst, sondern alle Technologieunternehmen, die auf Chips angewiesen sind. Unter anderem könnte ein Produktionsstopp in der Automobilbranche entstehen, da moderne Fahrzeuge von zahlreichen elektronischen Komponenten abhängig sind. Die Auswirkungen ziehen sich dann weiter entlang der Wertschöpfungskette. Zulieferer der Automobilbranche sowie Unternehmen aus der Logistikbranche, die den Transport und die Verteilung der Bauteile übernehmen, sind dementsprechend betroffen.

Diversifizierte Aktien

Durch Übernahmen, Investitionen und Fusionen sind manche Unternehmen nicht nur in einer einzelnen Branche tätig, sondern vereinen mehrere Industrien unter einem Dach. Das sollte bei einem Investment ebenfalls berücksichtigt werden

Ein Beispiel dafür ist Amazon. Amazon ist im Kern ein führender Onlinehändler mit einem umfangreichen Marketplace, betreibt darüber hinaus physische Einzelhandelsgeschäfte wie Whole Foods Market und Amazon Go und hat mit Amazon Advertising einen der größten Digital-Werbedienste aufgebaut. Außerdem entwickelt Amazon eigene Elektronikgeräte wie Kindle, Fire Tablets und Echo-Smart-Lautsprecher mit Alexa-Sprachsteuerung. Amazon ist diversifiziert in E-Commerce, Retail, Advertising, Cloud-Computing (AWS), Digital Media (Amazon Prime Video, Audible), Gaming (Twitch, Amazon Games) und Consumer Electronics. Außerdem baut Amazon mit dem "Project Kuiper" ein eigenes Satellitennetzwerk auf, das schnelles Internet aus dem All ermöglichen soll – ähnlich wie das bereits etablierte Starlink-System von SpaceX. Damit ist Amazon auch in der Subbranche Space-Tech aktiv.

Korrelationen im Aktienmarkt

Trotz dem Bestreben der Diversifikation bleibt eine Gesamtmarkt-Korrelation zwischen allen Aktien dieser Welt bestehen.

Ein gutes Beispiel ist eine Veranschaulichung von 2 unterschiedlichen Unternehmen: Erstens, Alibaba (eine chinesische Internet- und KI-Aktie) und zweitens ArcelorMittal (ein luxemburgisches Stahlunternehmen).

Auch wenn diese Unternehmen auf den ersten Blick sehr unterschiedliche Sektoren repräsentieren, können sie durch die gleichen makroökonomischen oder geopolitischen Einflüsse in die gleiche Richtung gehen, etwa wenn sich das weltweite Wirtschaftsklima oder Finanzierungsbedingungen verändern. Solche Rahmenbedingungen wirken branchenübergreifend und betreffen viele Unternehmen unabhängig von ihrer individuellen Marktnachfrage oder Geschäftsausrichtung.

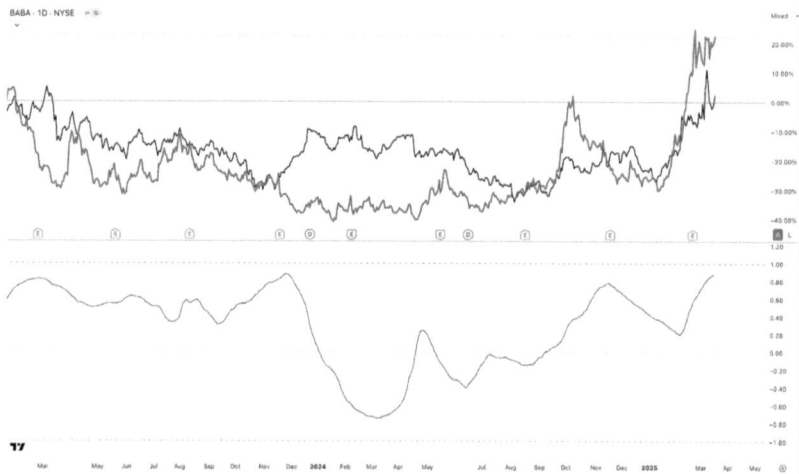

ACM und BABA: überlagert als Liniencharts (oben). Unten ist der
Korrelationskoeffizient über 100 Tage abgebildet. Dieser kann Werte bis zu 0,8
erreichen, was auf eine zeitweise hohe Korrelation hindeutet.

Wichtig ist immer zu verstehen, dass Korrelation nicht gleich Kausalität
bedeutet. Eine hohe Korrelation zeigt lediglich, dass sich die
Aktienkurse in einem bestimmten Zeitraum ähnlich entwickeln, nicht
aber, dass sie sich gegenseitig beeinflussen oder dieselben
fundamentalen Ursachen teilen.

Kurzfristige Korrelationen

Kurzfristig können Aktienkurse stark gemeinsam schwanken, da
Marktteilnehmer auf Ereignisse wie Zinssatzänderungen, geopolitische
Spannungen oder unerwartete Nachfrageschocks oft gleichzeitig
reagieren – unabhängig von den Unterschieden zwischen einzelnen
Unternehmen. Solche kurzfristigen Bewegungen spiegeln jedoch selten
die tatsächliche Beziehung zwischen den Aktien wider. Über längere
Zeiträume treten wieder strukturelle und fundamentale Unterschiede
zutage, wodurch sich die Korrelation meist wieder verringert.

Beispielportfolio Assetklassen

Die Diversifikation über Assetklassen und Sektoren hinweg ermöglicht es, ein erstes Portfolio aufzubauen, das breit gestreut und stabil ist.

→ Ich vergebe für jedes Portfolio ein Sterne-Ranking nach Aufwand, Risiko und Marktneutralität:

- Der Aufwand eines Portfolios steigt mit dem Einsatz von Derivaten, eigenständigen Analysen, sowie kurzen Haltezeiten.

- Das Risiko erhöht und senkt sich bei gezieltem Risiko gegenüber breiter Diversifikation. Eine Verbindung des Risikos zum Aufwand ist gegeben: mehr Entscheidungen fördern die Anfälligkeit für Fehler.

- Marktneutralität bedeutet kurzum, wie stark das Portfolio mit dem Gesamtmarkt schwankt. Diese Schwankungsanfälligkeit im Vergleich zum Markt wird auch als Beta bezeichnet.

Du verlässt dich bei deinem eigenen Hedge Fund nicht blind auf die Marktkapitalisierungsgewichtung, wie der MSCI World – du musst aktiv managen. Das Management und Rebalancing des Portfolios ist dabei wichtig, denn nur damit bleibt das Risiko im gewünschten Rahmen und die langfristigen Anlageziele können zuverlässig erreicht werden.

Das Dividenden-Portfolio

Aufwand: ★☆☆☆☆

Risiko: ★☆☆☆☆

Marktneutralität: ★★☆☆☆

Beschreibung

Das Dividenden-Portfolio investiert überwiegend in große Unternehmen, die regelmäßig Dividenden zahlen. So setzt es auf Firmen mit solider Geschäftsbasis und stabilem Cashflow. Außerdem wird ein Viertel des Portfolios in sicheren – auch ausschüttenden – Anleihen gehalten.

Der Managementaufwand ist gering und daher ist dieses Portfolio für passive Investoren bestens geeignet.

Die Ausschüttungen können reinvestiert oder ausgegeben werden.

Es wird sowohl durch die Verteilung in Anleihen/Aktien, als auch durch die Industrie- und Sektor-Verteilung stark diversifiziert.

Ein Teil des Portfolios wird in Wachstumsaktien investiert, damit du grundsätzlich die Chance hast, auch in Trends und disruptive Technologien wie beispielsweise Blockchain, Big Data, künstliche Intelligenz oder Quantencomputer zu investieren. Gerade solche Zukunftstechnologien bieten enormes Potenzial, sind aber mit hohen Schwankungen und Unsicherheiten verbunden. Durch die geringe Gewichtung dieses Anteils bleibt das Gesamtrisiko des Portfolios kontrollierbar, während du trotzdem an möglichen Durchbrüchen in diesen innovativen Bereichen partizipieren kannst.

Empfohlene Mindestvoraussetzungen

Es sind keine besonderen Voraussetzungen nötig. Ein Depot bei einem gängigen Neobroker wie TradeRepublic, Scalable Capital, Revolut und Co. und eine 100 € Mindesteinzahlung reicht als Startpunkt. Sparplan möglich.

Beispielhafte Zusammensetzung

- Dividenden-ETFs (40%)
- Dividendenaktien (27%)
- Bond-ETFs (25%)
- Wachstumsaktien (8%)

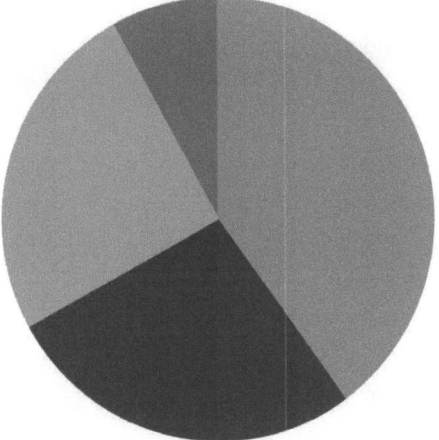

Segment	Sektor, Land, Branche	Name	Dividende
Dividenden-ETF	Globale Finanzfirmen	iShares STOXX Global Dividend 100	≈ 3 %
Dividenden-ETF	Deutsche Aktien	Deka DAXplus Maximum Dividend	≈ 5 %
Dividenden-ETF	Japanische Aktien	Vanguard FTSE Japan	≈ 2 %
Bond-ETF	Europäische Staatsanleihen	Amundi Euro Gov Inflation Linked Bond	≈ 1 %
Bond-ETF	US Staatsanleihen	iShares US Treasury Bond 0-1y	≈ 3 %
Bond-ETF	Emerging Markets (Latin Amerika, Asien, Afrika, Nahost)	Vanguard Emerging Markets Government Bond	≈ 5 %
Dividendenaktie	Immobilien	Realty Income	≈ 5 %

Dividendenaktie	Elektronik	AT&T	≈ 4 %
Dividendenaktie	Lebensmittel	Nestlé	≈ 4 %
Dividendenaktie	Prozess-industrie	Dow Inc	≈ 5 %
Dividendenaktie	Konsumgüter	Unilever	≈ 3 %
Dividendenaktie	Postal Service	UPS	≈ 5 %
Wachstumsaktie	E-Commerce	Shopify	
Wachstumsaktie	Automobil China	KYD	
Wachstumsaktie	Krypto	Coinbase	
Wachstumsaktie	Schuhware	Crocs	
Wachstumsaktie	Finanz-dienstleistung	Robinhood	

→ Achte darauf, dass die ausgewählten ETFs ausschüttend sind, oft mit "(Dist)" am Ende gekennzeichnet.

Management

Die genannten Dividenden sind nicht konstant und können sich von Jahr zu Jahr stark verändern, deshalb ist es wichtig, in 1-Jahres-Intervallen nach neuen, eventuell besseren Aktien und ETFs Ausschau zu halten, die eine solide Dividende für das kommende Jahr bieten.

Analyse

Frequenz: Viele Unternehmen kündigen ihre Dividenden im Q1 (Januar bis März) an. Ein Screening anfang Februar 1x im Jahr ist ideal, um sich für das kommende Dividendenjahr vorzubereiten. Auch das Rebalancing kann zu dieser Zeit vorgenommen werden.

→ Es ist steuersparend, wenn Aktien über 1 Jahr gehalten werden.

Dividendenaktien finden

Nutze Komponenten-Listen wie diese hier:

https://de.tradingview.com/symbols/SPX/components

Damit hast du eine gute Aktien-Übersicht innerhalb eines Index und kannst nach Kriterien filtern. Mit diesen Kriterien findest du Firmen mit solider Geschäftsbasis und stabilen Cashflows:

- Dividendenrendite realistisch und nachhaltig: 2–4 %
- Moderate Ausschüttungsquote von < 60 % für Industrieunternehmen – Ausschüttungsquote von < 80 % für REITs und Versorger
- Positiver Free Cashflow
- 5-10 Jahre Dividendenhistorie
- Gewinnwachstum Earnings Per Share (EPS) > 5 % p.a.

Worauf du noch achten solltest: Nur eine Dividendenaktie pro Branche – wenn es geht: verschiedene Sektoren.

→ Eine Immobilienaktie oder ein REIT sollte immer dabei sein, weil diese Art von Investment fast automatisch die Kriterien von oben erfüllt.

Dividendenkalender

Die Höhe der Dividende wird meist einige Wochen vor der Hauptversammlung als Vorschlag veröffentlicht und nach der Versammlung endgültig beschlossen. Diese Infos findest du mit bestimmten Online-Tools oder auf den Investor-Relations-Seiten der Unternehmen. Jede Firma hat eine solche Seite, z.B. https://www.nestle.com/investors für Nestlé. Dividendenberechtigt bist du, wenn du die Aktie spätestens am Tag der Hauptversammlung besitzt. Die Auszahlung erfolgt meist wenige Tage danach. Hier einige nützliche Links für Webseiten mit Tools und Infos zu Dividenden:

- https://www.finanzen.net
- https://www.dividenden-kalender.de
- https://www.boerse.de/dividenden
- https://www.dividenden-kalender.de
- https://aktienfinder.net/dividenden-kalender

Dividenden-ETFs finden

Für Dividenden-ETFs gehst du ähnlich wie beim Finden von Dividendenaktien vor – mit einer Komponentenliste, wie dieser hier:

https://de.tradingview.com/etf-screener

Zwei konkrete Filterkriterien für Dividenden-ETFs:

- **Stabile Dividendenrendite im Bereich von 3,5 % bis 5 %:**
  Dieser Wert ist hoch genug, um attraktive Ausschüttungen zu
  bieten, aber nicht so hoch, dass er auf übermäßige Risiken
  oder Substanzverlust hindeutet.

- **5-Jahres-Beta zwischen 0,6 und 0,8:** Ein Beta in dieser
  Spanne signalisiert, dass der ETF weniger stark schwankt als
  der Gesamtmarkt, was für defensive, dividendenorientierte
  Strategien typisch ist.

Wachstumsaktien finden

Das ist auch nicht schwer. Öffne einen Aktien-Screener wie
Finviz.com (https://finviz.com/screener.ashx) und scanne nach:

- Market Cap: Mid
- Dividend Yield: None
- Sales growth past 5 years: Over 10 %
- EPS growth past 5 years: Over 10 %

Achte auch hierbei auf eine Auswahl aus unterschiedlichen Industrien
und Sektoren. Du kannst bei Wachstumsaktien auf Branchenführer
setzen, die derzeit als besonders innovativ wahrgenommen werden.

Rebalancing

Wenn ein Segment des Portfolios starke Gewinne oder Verluste
gemacht hat, steht ein Rebalancing – eine Umverteilung – an. Wenn
Wachstumsaktien z.B. auf 12 % Anteil von der Sollquote 8 % zugelegt
haben, steht ein Verkauf an, um wieder auf 8 % zu kommen. Der
Gewinn kann die Anteile der anderen Segmente erhöhen.

Variationen

Die prozentuale Verteilung innerhalb des Segments "Dividenden-ETFs", bleibt dir überlassen. Vielleicht macht ein Global Clean Energy-ETF oder ein länger laufender US Treasury Bond-ETF für dich Sinn als Diversifikation.

Um das Risiko des Portfolios zu verringern oder zu erhöhen kann der der Prozentanteil von Wachstumsaktien z.B. auf 5 % reduziert oder auf 10 % erhöht werden. Eine andere, etwas passivere Möglichkeit ist es, den Wachstumsaktien-Anteil mit Immobilien-Aktien oder REITs zu ersetzen, um eine weitere Anlageklasse ins Portfolio beizumischen.

Wenn die Suche nach Dividendenaktien zu umständlich ist, kann auch einfach der Dividenden-ETF-Anteil erhöht werden.

Der Kreditzyklus

Der Kreditzyklus beschreibt die Schwankungen in der Kreditvergabe und Kreditaufnahme innerhalb einer Volkswirtschaft. Er legt die grundlegenden Rahmenbedingungen für Konsum und Investitionen fest, da Unternehmen und Haushalte ihr Verhalten an die jeweilige Verfügbarkeit und die Kosten von Krediten anpassen. In Phasen günstiger Kreditbedingungen nehmen Investitionen und Konsumausgaben zu, während eine restriktive Kreditvergabe diese Aktivitäten spürbar dämpft.

Die Markttreiber

Der Kreditzyklus bildet den übergeordneten Rahmen. Das konkrete Marktgeschehen, also welche Branchen, Unternehmen oder Anlageklassen besonders profitieren oder unter Druck geraten, wird von verschiedenen Markttreibern entschieden.

Eine gezielte Diversifikation sollte nicht nur verschiedene Branchen abdecken, sondern auch die aktuelle wirtschaftliche Lage und die wichtigsten Markttreiber berücksichtigen. So kannst du das Zusammenspiel von Konsumverhalten und Innovation gezielt nutzen, um deine Aktienstrategie adäquat anzupassen.

Hier ist eine Liste von Profiteuren unterschiedlicher Markttreiber mit Beispielen:

Markttreiber	Profiteure	Beispiele
Technologische Innovation	Unternehmen, die durch Technologie-Angebot oder Disruption Wachstum schaffen.	SAP, Siemens, Infineon Technologies

Energie- und Rohstoffverfügbarkeit	Unternehmen, deren Geschäft von der Verfügbarkeit und dem Preis knapper Ressourcen abhängen.	BHP Group, Glencore, Uranium Energy Corp.
Nachfrage nach essentiellen Gütern	Unternehmen aus den Bereichen Gesundheitswesen und Konsumgüter, die auch in Zeiten wirtschaftlicher Umbrüche stabile Erträge generieren.	Roche, Nestlé, Beiersdorf
Konsumtrends	Online-Handel, nachhaltige Marken, Home-Entertainment.	Zalando, Etsy, Disney
Politische Entscheidungen	Unternehmen, die von Förderungen profitieren oder sich an diese anpassen.	Nordex, RWE, Volkswagen

Die Kreditzyklus-Phasen

Die Kreditverfügbarkeit und die Kreditaufnahmeaktivität verlaufen nicht konstant, sondern folgen einem wiederkehrenden Muster, das sich in vier zentrale Phasen gliedern lässt. Jede dieser Phasen hat spezifische Auswirkungen auf Konsum, Investitionen und die Relevanz von Markttreiben.

Expansion

Der Zyklus beginnt mit einer Phase der Kreditausweitung. Banken vergeben zunehmend Kredite, da die wirtschaftlichen Aussichten positiv sind und die Zinsen niedrig bleiben. Die Expansionsphase ist geprägt von Optimismus, steigenden Investitionen und einer wachsenden Wirtschaft. Unternehmen und Verbraucher nehmen neue Kredite auf, investieren und konsumieren mehr. Dadurch steigen Produktion, Beschäftigung und Einkommen. Zu den wichtigsten Markttreibern zählen in dieser Phase: technologische Innovationen, eine hohe Energie- und Rohstoffverfügbarkeit, politische Fördermaßnahmen sowie eine solide Nachfrage nach Investitionsgütern wie z.B. Maschinen und Dienstleistungen. Konsumtrends und die Nachfrage nach essentiellen Gütern unterstützen das Wachstum zusätzlich.

Höhepunkt

Mit fortschreitender Kreditexpansion wächst die Wirtschaft kräftig, da Unternehmen und Verbraucher leicht Zugang zu günstigen Krediten haben. Die Nachfrage nach Produkten und Dienstleistungen steigt deutlich und Konsumtrends werden sichtbar. Unternehmen erhöhen ihre Produktionskapazitäten, was zu einem erhöhten Bedarf an Energie, Rohstoffen und Investitionsgütern führt. In dieser Phase profitieren traditionell Rohstoffförderer sowie Unternehmen aus der Energiebranche, da sie die benötigten Ressourcen bereitstellen und von steigenden Preisen profitieren.

Im aktuellen Zyklus zeigt sich zudem, dass technologische Ressourcen – insbesondere Rechenleistung und Halbleiter, wie sie etwa von Nvidia bereitgestellt werden – zu zentralen Markttreibern geworden sind. Auch politische Entscheidungen, etwa Subventionen oder Regulierungen, können in dieser Phase eine starke Lenkungswirkung entfalten.

Kontraktion

In der Kontraktionsphase des Konjunkturzyklus, wenn das Wirtschaftswachstum nachlässt und die Kreditvergabe eingeschränkt wird, reagieren Zentralbanken typischerweise mit einer Lockerung ihrer Geldpolitik. Das bedeutet, sie senken die Leitzinsen oder stellen mehr Liquidität bereit, um die Wirtschaft zu stützen und die Kreditvergabe wieder anzukurbeln. Die Phase ist also durch sinkende oder stabile Zinsen gekennzeichnet, nicht durch Zinserhöhungen – diese finden meist in der vorangehenden Überhitzungs- oder Inflationsphase statt. Ziel der Zentralbank in der Kontraktion ist es, die Nachfrage zu stabilisieren und eine weitere Abschwächung der Konjunktur zu verhindern. Banken werden vorsichtiger Privatkredite auszugeben, Unternehmen schränken Investitionen in riskante Bereiche ein und Konsumenten reduzieren ihre Ausgaben für nicht-essentielle Güter.

In dieser Phase verschieben sich die Markttreiber: Die Nachfrage nach essentiellen Gütern und defensiven Konsumtrends gewinnen an Bedeutung, während technologische Innovationen und Rohstoffverfügbarkeit in den Hintergrund treten. Es werden politische Entscheidungen getroffen – z.B. Konjunkturprogramme oder Subventionen, um die Wirtschaft zu stabilisieren.

Tiefpunkt

Im Tiefpunkt des Kreditzyklus, auch als "Deleveraging" bekannt, befindet sich die Wirtschaft auf einem lang anhaltenden Tief. Produktion, Beschäftigung und Investitionen bleiben über einen längeren Zeitraum auf sehr niedrigem Niveau. Die Arbeitslosigkeit ist hoch, viele Unternehmen schreiben Verluste oder müssen aufgeben.

Es kommt kaum zu Neugründungen. Die Konsum- und Investitionsbereitschaft ist stark eingeschränkt – nicht nur aus Vorsicht, sondern oft auch aus Mangel an verfügbaren Mitteln, da Kredite kaum noch vergeben werden und Altschulden abgebaut werden müssen.

In dieser Phase versagen klassische Instrumente wie Zinssenkungen, da die Zinsen bereits bei null liegen und der wichtigste Markttreiber ist die Nachfrage nach essentiellen Gütern und Dienstleistungen. Es werden politische Entscheidungen getroffen, die auf Stabilisierung und Erholung abzielen. Technologische Innovationen und Energie- bzw. Rohstoffverfügbarkeit spielt erst wieder mit Beginn der nächsten Expansionsphase eine maßgebende Rolle.

Zyklische Indikatoren

Zyklische Indikatoren dienen als wichtige Frühwarnsysteme für Wendepunkte im Kreditzyklus und helfen, bevorstehende Phasen rechtzeitig zu erkennen. Das ist entscheidend, um Investments mit gutem Risiko-Reward Potential zu finden.

Der 2s10s Spread

Der 2s10s bezeichnet den Zins-Spread zwischen den Renditen der 10-jährigen und den 2-jährigen US-Staatsanleihen, also den Unterschied zwischen langfristigen und kurzfristigen Zinsen.

Positive Werte weisen auf ein normales Umfeld hin, in dem langfristige Zinssätze höher sind als kurzfristige. Das ist typisch für Expansionsphasen, in denen Investoren erwarten, dass die Wirtschaft wächst und die Inflation langfristig höher sein wird.

Negative Werte weisen auf eine Umkehrung der Dynamik hin, bei der kurzfristige Zinssätze höher als langfristige sind. Das ist ein Vorbote eines Höhepunkts im Kreditzyklus. Zentralbanken könnten die kurzfristigen Zinssätze erhöht haben, um Inflation einzudämmen und eine übermäßige Kreditvergabe zu bremsen. Investoren erwarten eine Verschärfung der Kreditbedingungen und damit eine Kontraktion.

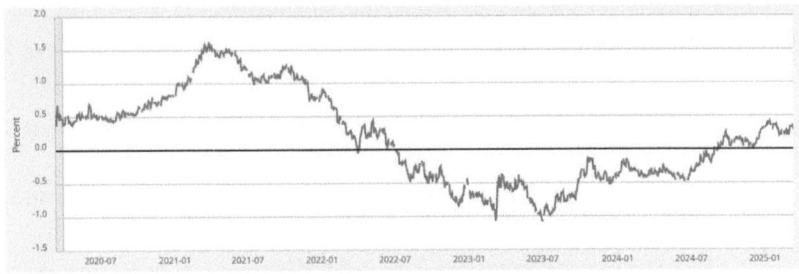

Der 2s10s Spread von 2020-07 bis 2025-01

Der Zinsspread T10Y2Y kann auf der Webseite Federal Reserve Bank of St. Louis (https://fred.stlouisfed.org/series/T10Y2Y) eingesehen werden.

Verlauf	Interpretation
Anstieg bis etwa Mitte 2021	Der Spread ist positiv, was auf eine normale Expansion hindeutet.
Abfall und deutliche Umkehrung ab 2022	Der Spread wird negativ – das zeigt, dass viele mit einer Kreditkontraktion rechnen.
Erholung ab Mitte 2024	Der Spread wird wieder positiv – das deutet auf mehr Optimismus und eine mögliche Expansion im Kreditzyklus hin.

Weitere Zyklische Indikatoren

Neben dem 2s10s-Spread gibt es eine Reihe weiterer Indikatoren, die den Phasenwechsel im Zyklus frühzeitig signalisieren können und das Bild etwas robuster machen.

- **Immobilienpreise:** Veränderungen auf dem Immobilienmarkt, insbesondere Preisrückgänge oder ein Nachlassen der Bautätigkeit, gelten als Frühindikatoren für eine bevorstehende Abschwächung der Expansion. Die Wohnpreis-Entwicklungen aller deutschen Bundesländer kannst du z.B. hier einsehen: https://www.immowelt.de/immobilienpreise/deutschland. Alternativ: Beobachtung eines Immobilien-ETFs wie der SPDR Dow Jones Global Real Estate.

- **Bondpreise:** Steigende Bondpreise, also fallende Renditen für Zinspapiere, sind ein klassischer Frühindikator für einen Wechsel im Zyklus. Wenn Anleihen neue Hochs erreichen, signalisiert das oft eine Flucht in sichere Häfen und eine zunehmende Skepsis gegenüber dem Aktienmarkt. Historisch gehen solche Bewegungen häufig größeren Korrekturen oder Crashs an den Aktienmärkten voraus.

- **Signale aus der Industrie:** Rückgänge bei Auftragseingängen oder der Industrieproduktion deuten häufig auf eine bevorstehende Kontraktion hin. Beispiel: Der U.S. ISM Manufacturing Purchasing Managers Index (https://www.investing.com/economic-calendar/ism-manufacturing-pmi-173), ein monatlich veröffentlichter Stimmungsindikator für das verarbeitende Gewerbe, misst anhand von Umfragen unter Einkaufsmanagern die wirtschaftliche Aktivität von 400 Industrieunternehmen.

- **Einzelhandelsumsätze:** Schwankungen im Konsumverhalten spiegeln die Stimmung der Verbraucher wider und können auf einen Phasenwechsel im Kreditzyklus hindeuten. Steigen die Einzelhandelsumsätze, bedeutet das häufig Zuversicht und eine fortschreitende Expansion. Rückläufige Umsätze hingegen sind oft ein Frühindikator für eine Kontraktion oder sogar einen erwarteten Tiefpunkt. Das Statistische Bundesamt veröffentlicht z.b. regelmäßig aktuelle Zahlen und Analysen zu den Einzelhandelsumsätzen in Deutschland, die unter folgendem Link eingesehen werden können: https://www.destatis.de/DE/Themen/Wirtschaft/Grosshandel-Einzelhandel/_inhalt.html

- **Zinssätze und Geldpolitik:** Veränderungen der Leitzinsen durch die Zentralbanken wirken sich direkt auf Kreditvergabe und Wirtschaftsdynamik aus. Richtungswechsel, also Zinssenkung, gefolgt auf Zinserhöhung oder umgekehrt, sind ein wichtiger Signalgeber für Phasenwechsel.

- **Credit Spreads:** Die Ausweitung des Spreads zwischen Unternehmensanleihen und Staatsanleihen signalisiert eine steigende Risikoaversion und kann auf eine bevorstehende Kontraktion hindeuten. Bei einer Verengung des Spreads erholt sich die Wirtschaft oft. Du kannst dafür z.B. den ICE BofA US High Yield Index Option-Adjusted Spread (https://fred.stlouisfed.org/series/BAMLH0A0HYM2) analysieren.

- **Stromverbrauchsdaten:** Veränderungen im Stromverbrauch korrelieren eng mit Industrieproduktion und Kreditzyklen und gelten als zuverlässige Echtzeit-Indikatoren für Expansions- und Kontraktionsphasen. Informationen über den deutschen Stromverbrauch kannst du z.B. hier einsehen: https://www.smard.de/home

- **Geschäftserwartungen:** Umfragen zur Geschäftserwartung von Unternehmen liefern zeitnahe Hinweise auf bevorstehende Wendepunkte im Zyklus – z.B. der ifo-Geschäftsklimaindex (https://www.ifo.de/umfrageergebnisse).

Wirtschaftskrisen

Der hier beschriebene Kontraktions- und Expansionszyklus ist der kurzfristige Kreditzyklus, der in unterschiedlichen Intensitätsphasen normalerweise 5–10 Jahre anhält. Der langfristige 20–75 Jahre anhaltende Zyklus ist dem kurzfristigen übergeordnet und ist maßgeblich dafür verantwortlich, dass es große Wirtschaftskrisen wie die 2008 Finanzkrise gab. Er ist geprägt von einer Akkumulation von Schulden und politischen Reaktionen, bzw. systematischen Krisen.

Im langfristigen Zyklus steigen Schulden schneller als Einkommen, da Kreditgeber und -nehmer in guten Zeiten Risiken unterschätzen. Dies führt zu einer Schuldenblase, die irgendwann platzt. Wenn die Schuldenlast zu groß wird, kommt es entweder zu einer großen Deflation, wie z.B. die Große Depression nach dem Börsencrash 1929, dessen Tiefpunkt-Phase 10 Jahre anhielt. Oder es kommt zu einer starken Inflation, wie der Hyperinflation von 1923 in der Weimarer Republik: Um die im Versailler Vertrag festgelegten Reparationsforderungen in harter Währung – insbesondere in Goldmark oder Fremdwährungen – begleichen zu können, ließ die Regierung große Mengen Papiermark drucken. Dies schwächte das Vertrauen in die Währung massiv und führte dazu, dass inländische Schulden und private Ersparnisse nahezu vollständig entwertet wurden. Die Auslandsschulden und Reparationsforderungen blieben jedoch bestehen und mussten weiterhin in stabilen Devisen bedient werden.

Zyklisches Beispielportfolio

Eine Person, die das Ausnutzen des Kreditzyklus vorgelebt hat, ist Ray Dalio, der Gründer von Bridgewater Associates. Dalio gilt als einer der Ersten, der die Makroökonomie systematisch mit Investmentstrategien verknüpfte. Sein Konzept der "Economic Machine" basiert im Kern auf dem Kreditzyklus.

Dalio vergleicht die heutige Lage mit den 1930er-Jahren: Niedrigzinsen, hohe Vermögensungleichheit und politische Polarisierung prägen beide historischen Perioden. Die expansive Geldpolitik nach 2008 habe Finanzmärkte gestützt, aber auch soziale Spannungen verschärft.[3]

Das "All Weather"-Portfolio

Aufwand: ★★☆☆☆

Risiko: ★★☆☆☆

Marktneutralität: ★★☆☆☆

Beschreibung

Das All-Weather-Portfolio ist eine von Ray Dalio entwickelte, breit diversifizierte Anlagestrategie, die darauf ausgelegt ist, unter verschiedenen wirtschaftlichen Bedingungen stabile Renditen zu erzielen.

---

[3] Dalio, Ray: Principles for Dealing with the Changing World Order – Why Nations Succeed or Fail. Avid Reader Press, 16. November 2021.

Durch eine ausgewogene Diversifikation soll das Portfolio in jeder Kreditzyklus-Phase solide Renditen erzielen. In einem privaten Hedge Fund ist es beispielsweise möglich, dieses Portfolio mit breit gestreuten ETFs nachzubilden.

Empfohlene Mindestvoraussetzung

Mit einem Sparplan eingezahltes Geld oder ein Minimum von 100 € auf einem Neobroker.

Beispielhafte Zusammensetzung

- Langfristige Anleihen (40%)
- Aktien (30%)
- Mittelfristige Anleihen (15%)
- Gold (7,5%)
- Rohstoffe (7,5%)

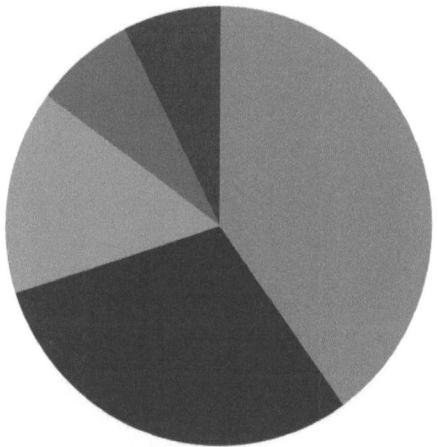

Segment	Beispiel-ETF
Langfristige Anleihen	iShares US Treasury Bond 20+y
Aktien	Amundi S&P 500
Mittelfristige Anleihen	Amundi Euro Gov Bond 7-10Y
Gold	iShares Physical Gold
Rohstoffe	WisdomTree Commodities

Management

In expansiven Phasen setzt du auf risikobehaftete Anlagen wie Aktien und Rohstoffe. In defensiven, restriktiven Phasen werden verstärkt Staatsanleihen, Gold oder andere inflationsgeschützte Assets gewichtet. Indikator dafür ist der 2s10s Spread. Achte trotzdem auch auf weitere zyklische Indikatoren, um das Bild abzurunden.

Analyse-Frequenz

Die Neubewertung der Allokationen erfolgt bei einer wichtigen Wende in der Zinspolitik: 2s10s Spread interpretieren, ggf. weitere Indikatoren zur Unterstützung der These heranziehen.

Ein Rebalancing ist 1x im Jahr – möglichst steuersparend – auszuführen.

Analyse und Anpassung

2s10s-Spread	Interpretation	Rebalancing (ab Basisgewicht)
> +0,8 %	Expansion (frühe Phase)	Aktien +5 % → 35 %, Rohstoffe +1,5 % → 9 %, Mittelfristige Anleihen −3,5 % → 11,5 %, Langfristige Anleihen −3 % → 37 %
+0,8 % bis 0 %	Höhepunkt (späte Expansion)	Aktien −2 % → 28 %, Gold +2 % → 9,5 %, Mittelfristige Anleihen +1 % → 16 %, Langfristige Anleihen −1 % → 39 %
< 0 % (Inversion)	Kontraktion	Aktien −10 % → 20 %, Gold +3 % → 10,5 %, Mittelfristige Anleihen −2 % → 13 %, Langfristige Anleihen +9 % → 49 %
Spread steigt über 0 %	Tiefpunkt, bzw. Übergang zur Expansion	Aktien +5 % → 25 %, Gold −1,5 % → 9 %, Mittelfristige Anleihen +3 % → 16 %, Langfristige Anleihen −6,5 % → 42,5 %

Variationen

Langfristige und kurzfristige Anleihen müssen nicht unbedingt Staatsanleihen sein, sondern können auch mit Unternehmensanleihen erweitert werden.

Wenn der Aktienanteil erhöht wird, kann auch ein Emerging Markets ETF hinzugefügt werden.

Rohstoff-Fonds sind austauschbar und bei Hinzufügung von Rohstoff-Risiko könntest du z.B. einen Holzindustrie-ETF hinzufügen.

Eine Alternative für den S&P 500 ist der breit gestreute STOXX Europe 600.

Eine etwas mehr feingranulare Auswahl an Aktien-ETFs je nach Kreditphase ist möglich, z.B. ein defensiver Healthcare ETF oder ein ETF auf den Dow Jones U.S. Consumer Goods Index in einer Kontraktionsphase.

Anstatt Gold kannst du auch Bitcoin – das digitale Gold – kaufen.

Einzelaktien

Wer gezielt Einzelaktien statt ETFs auswählt, kann die Chancen bestimmter Marktphasen besser nutzen – muss aber auch bereit sein, mehr Recherche und aktives Management zu betreiben. Das erhöht das Risiko aber eventuell auch die Rendite.

Entscheidend ist, die aktuelle Phase des Kreditzyklus zu erkennen und die jeweils wichtigsten Markttreiber dieser Phase zu nutzen. So lassen sich Aktien finden, die im aktuellen Umfeld besonders profitieren.

Beobachte aktuelle Trends wie KI, Digitalisierung, grüne Energie und prüfe, welche Aktien davon profitieren. Diversifiziere gezielt: Auch bei 3–5 Einzelaktien anstatt breit gestreuter ETF sollte eine gewisse Streuung über Sektoren, Branchen und Regionen erfolgen.

Beobachte IPOs und neue Trends: Neue Börsengänge und innovative Unternehmen können in frühen Expansionsphasen besonders interessant sein.

Fazit: Assetklassen

Auch wenn der Zugang zu den Finanzmärkten heute so einfach und günstig ist wie nie zuvor, bleibt langfristiger Anlageerfolg eine echte Herausforderung. Viele Anleger schwanken zwischen Untätigkeit und Überaktivität, ohne die entscheidenden Markttreiber wie technologische Innovationen, Rohstoffpreise oder politische Entscheidungen zu analysieren. Doch gerade diese Faktoren bestimmen, wer an den Märkten langfristig zu den Gewinnern zählt.

Ein fundiertes Verständnis der Kreditzyklen ermöglicht es dir, selbst eine ansonsten passive Strategie gezielt zu verbessern – mit nur wenigen, wohlüberlegten Anpassungen über die Zeit. So steigerst du die Stabilität deines Portfolios und erhöhst gleichzeitig das langfristige Renditepotenzial, ganz ohne in blinden Aktionismus zu verfallen.

Wer sich darüber hinaus bewusst ist, dass immer wieder Marktcrashs auftreten, erkennt auch, warum Diversifikation über verschiedene Assetklassen, Regionen und Branchen so wichtig ist. Eine breit aufgestellte Diversifikation durch internationale Aktien, Anleihen, Rohstoffe und alternative Anlagen schützt besser vor Einbrüchen und sorgt für mehr Resilienz im Portfolio, besonders in turbulenten Phasen.

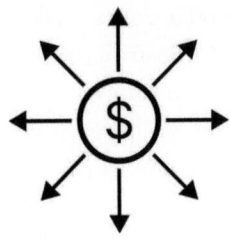

Diversifikator 2

»Long und Short«

Der Diversifikator Long und Short verdoppelt deinen Möglichkeiten-Horizont, denn er erlaubt es, nicht nur auf steigende, sondern auch auf fallende Kurse zu setzen.

In manchen Assetklassen ist es Standard, in Long und Short zu denken. Bei Währungen zum Beispiel gibt es immer zwei Seiten: Kaufst du den Euro, verkaufst du automatisch den Dollar. Auch bei Rohstoffen ist es normal, auf Preisrückgänge zu wetten, zum Beispiel wenn Ernten gut ausfallen oder die Nachfrage zurückgeht.

Das Shorten von Aktien

Eine gewisse Skepsis beim Thema Aktien-Shorting ist natürlich angebracht, denn in den letzten 16 Jahren haben 64 % der Quartale im S&P 500 positiv abgeschlossen. Das bedeutet: Wer blind Long geht, liegt statistisch häufiger richtig, auch wenn das natürlich keine Garantie für die Zukunft ist.

Dazu kommt ein grundlegendes Asymmetrie-Problem: Beim Long-Investment ist das Verlustrisiko auf 100 % begrenzt – der Gewinn aber unbegrenzt. Beim Shorten ist es genau umgekehrt: Der maximale Gewinn ist limitiert, weil eine Aktie nur auf null fallen kann – der Verlust jedoch ist unbegrenzt, wenn der Kurs steigt.

Es gibt jedoch Unternehmen, die langfristig wenig Chancen haben zu überleben – sei es wegen Bilanztricks, schlechtem Management oder einem kaputten Geschäftsmodell und es lohnt sich, diese zu shorten. Viele Privatanleger übersehen diese Möglichkeit.

Eine Aktie ist letztlich ein Anteil, den ein Unternehmen an die Öffentlichkeit verkauft, um sich zu finanzieren. Sie wollen dich also zum Kauf bewegen, doch Vertrauen solltest du ihnen nicht blind. Stell dir Aktien vor wie Verkäufer: charmant, aber mit Eigeninteresse.

Jede Pressemitteilung eines Unternehmens erzählt dir eine Geschichte – von Wachstum, Innovation und Zukunft. Doch oft ist das nur Fassade. Hinter glänzenden Präsentationen und optimistischen Prognosen verbergen sich manchmal überhöhte Bewertungen, manipulierte Bilanzen oder ein Management, das mehr an seine Boni als an das Unternehmen denkt. Deshalb gibt es auch Warnhinweise bei PR-Meldungen wie: "Diese Mitteilung enthält Aussagen, die auf Annahmen und Erwartungen des Managements beruhen."

Deine Aufgabe ist nicht, jedem Angebot zu glauben, sondern kritisch zu prüfen, wer wirklich Substanz hat und wer dir nur ein gut verpacktes Risiko verkaufen will. Du hast die Wahl, bei Skepsis zu passen oder bei großer Skepsis eine Short-Position einzugehen. Natürlich muss das Shortselling von Aktien mit Vorsicht angegangen werden und erfordert genaue Risikoberechnung und Begrenzung, damit nicht 100 % deines Portfolios davon verschlungen werden können.

Aktien ausleihen

Aktien-Leerverkäufe sind ein Angebot des Brokers, dem Anleger Aktien zu leihen, damit dieser sie sofort am Markt verkaufen kann, in der Hoffnung, sie später für einen Gewinn günstiger zurückzukaufen. Demgegenüber gibt es meistens auch das Angebot, Aktien über die Kaufkraft des Kontos hinausgehend auszuleihen, um einen höheren Hebel für Long-Positionen zu bekommen. Für beide Strategien benötigt man einen sogenannten Margin-Account.

Eine Large-Cap-Aktie, also ein Unternehmen mit hoher Marktkapitalisierung wie Apple, gilt als stabiler und weniger volatil. Deshalb lassen sich solche Aktien leichter in großen Mengen ausleihen, was Short-Positionen oder gehebelte Long-Positionen vereinfacht. Bei volatilen Mid- oder Small-Cap-Aktien hingegen ist das Ganze schwieriger. Es gibt weniger verfügbare Stücke, das Ausleihen ist teurer und oft sind Positionsgrößen durch das Risiko begrenzt. Prime-Broker von Hedgefonds haben hier einen entscheidenden Vorteil: Sie haben exklusiven Zugang zu umfangreichen Leihpools, direkten Kontakt zu institutionellen Haltern und oft bessere Konditionen, was es ihnen erlaubt auch schwer verfügbare Titel zu shorten.

Privatanleger, die Short-Strategien verfolgen möchten, stoßen bei klassischen Aktien-Leerverkäufen schnell an Grenzen – sei es durch fehlende Verfügbarkeit, hohe Leihgebühren oder Einschränkungen durch den Broker. In solchen Fällen können Futures und Optionen sinnvollere Instrumente sein, denn sie haben weniger Einstiegshürden und Kosten. Statt z.B. eine deutsche Einzelaktie zu shorten, kannst du in der Regel auch einen Short-Kontrakt in einem Aktien-Index-Future wie den FDXM (Mini DAX-Future) kaufen, der hoch korreliert ist oder mit einer Put-Option auf die Aktie Short setzen.

Derivate

Derivate sind Finanzinstrumente, deren Wert sich von einem zugrunde liegenden Basiswert wie dem einer Aktie, Index, Rohstoff oder Währung ableitet. Sie ermöglichen es, auf Kursveränderungen des Basiswerts zu spekulieren oder sich abzusichern, ohne diesen selbst zu besitzen. Die Abwicklung erfolgt entweder durch physische Lieferung des Basiswerts oder häufiger durch einen Barausgleich – englisch: Cash Settlement. Optionen bilden eine Ausnahme, da sie bei Ausübung das Recht auf Kauf oder Verkauf des Basiswerts gewähren.

Einige komplexere Derivate wie Credit Default Swaps (CDS) oder Total Return Swaps (TRS) sind für normale Anleger nicht verfügbar, weil sie sehr viel Kapital und Fachwissen erfordern und üblicherweise nur im direkten Handel zwischen großen Banken und Institutionen abgeschlossen werden. Die zwei wichtigen Derivate, die auch Private handeln können sind Futures und Optionen:

- **Futures:** Verpflichten dich, später zu kaufen oder zu verkaufen – zum vorher festgelegten Preis.

- **Optionen:** Geben dir das Recht, später zu kaufen oder zu verkaufen – wenn es für dich vorteilhaft ist.

Anders als klassische Fonds sind Hedgefonds nicht auf steigende Märkte angewiesen, sondern können durch den Einsatz von Derivaten flexibel auf jede Marktsituation reagieren und so zusätzliche Ertragsquellen erschließen. Wer wie die Profis agieren will, sollte die Funktionsweise, Kosten und Risiken dieser Instrumente genau verstehen, da sie hohe Renditechancen und gezielte Absicherung bieten.

Futures

Futures-Kontrakte sind standardisierte, börsengehandelte Derivate. Sie verpflichten Käufer und Verkäufer, einen bestimmten Basiswert, z. B. Rohöl, Gold, S&P 500, DAX oder Bitcoin zu einem festgelegten Preis und zu einem bestimmten zukünftigen Zeitpunkt zu kaufen oder zu verkaufen. "Standardisiert" bedeutet, dass der Kontraktwert festgelegt ist. Jeder Kontrakt steht für eine bestimmte Menge des Basiswerts.

An diesen Börsen werden Futures zentral gehandelt, was für Transparenz, Liquidität und eine zuverlässige Abwicklung durch eine Clearingstelle sorgt – diese garantiert, dass beide Seiten ihrer Verpflichtung nachkommen.

- **EUREX (European Exchange):** Eine europäische Terminbörse, die Derivate auf Aktien, Indizes und Zinsen anbietet.

- **CME (Chicago Mercantile Exchange):** Eine der größten Terminbörsen in den USA, bekannt für den Handel mit Finanz- und Rohstoffderivaten.

- **NYMEX (New York Mercantile Exchange):** Eine US-Börse, die sich auf den Handel mit Rohstoffen wie Öl, Gas und Metallen spezialisiert hat.

- **ICE U.S. (Intercontinental Exchange USA):** Eine US-Börse für den Handel mit Rohstoffen, Energieprodukten und Finanzderivaten.

- **CBOT (Chicago Board of Trade):** Eine historische US-Börse, die sich auf den Handel mit Agrarprodukten und Finanzkontrakten konzentriert – heute Teil der CME Group.

Beispiel: S&P 500 E-Mini Future

Einer der meistgehandelten Kontrakte ist der S&P 500 E-Mini Future mit dem Symbol "ES" auf der CME. Er hat einen Multiplikator von 50$ pro Indexpunkt. Wenn der S&P 500 bei 6.000 Punkten steht, ist der Kontraktwert:

$$6.000 \cdot 50\$ = 300.000\$$$

Mini- und Micro-Futures

Da Standard-Futures oft einen hohen Kapitalbedarf und ein großes Geldrisiko pro Kontrakt – von teils mehreren Tausend Euro – nach sich ziehen, wurden kleinere Kontraktgrößen eingeführt, um mehr Flexibilität zu bieten. Die Micro-Versionen bieten meistens 1/10 des Risikos der größeren Version an.

Marginanforderungen

Um einen Futures-Kontrakt kaufen zu dürfen, musst du eine Sicherheitsleistung – Margin – hinterlegen. Über Nacht musst du allerdings mehr Sicherheiten hinterlegen – oft das 10-fache.

Die genauen Marginanforderungen hängen von der Börse, dem Broker und der aktuellen Volatilität ab. Je höher die Volatilität, desto höher die geforderte Margin.

Risikoberechnung für Futures

Im folgenden Beispiel werden jeweils ein Mini S&P 500 Future und ein Micro Future gekauft. Die Grundlage für die Risikoberechnung sind die Kontrakt-spezifischen Merkmale: Tickwert und Tickeinheit. Diese kannst du auf der Webseite der für den Handel zuständigen Exchange CME Group nachschlagen.

https://www.cmegroup.com/markets/equities/sp/e-mini-sandp500.co
ntractSpecs.html (ES)

https://www.cmegroup.com/markets/equities/sp/micro-e-mini-sandp
-500.contractSpecs.html (MES)

Merkmal	E-Mini S&P 500 (ES)	Micro S&P 500 (MES)
Tickwert	12,50$	1,25$
Tickeinheit	0,25 Punkte	0,25 Punkte
Daytrade-Margin	~ 500$	~ 50$
Overnight-Margin	~ 16.000$	~ 1.600$

Eine gute Faustregel ist es, mindestens das Geld, das von der Overnight-Margin gefordert wird, im Depot zu haben. Stand dieses Schreibens im April 2025, bewegt sich der Markt um ±220 Punkte pro Tag, was eher unnormal volatil ist. Bei einem Mikro-Kontrakt entspricht es diesem Risiko:

$$\text{Gewinn/Verlust\$} = \left(\frac{\text{Bewegung}}{\text{Tickeinheit}} \right) \cdot \text{Tickwert}$$

Bei 220 Punkte Bewegung:

$$\frac{220}{0,25} \cdot 1{,}25\$ = 1{,}100\$ \text{ Gewinn/Verlust}$$

Nach 1.100$ Verlust wäre von einem 1.600$ Depot nicht mehr genug übrig, um für den nächsten Tag über Nacht zu halten.

Das Risiko wäre also zu groß und der Verlust sollte mindestens bei -500$ intraday per Stop-Loss-Order abgeschnitten werden. Doch das ist immer noch ein sehr hohes prozentuales Risiko.

Die vernünftige Alternative bei einer solch hohen Volatilität ist es, einen ähnlichen Markt mit weniger Tickwert auszuwählen.

Future Symbol	ATR Points	ATR in Ticks	Risk P. Contract
MES	54.5600000	219	$273.75
ES	54.5600000	219	$2,737.50
MNQ	194.0000000	776	$388.00
NQ	194.0000000	776	$3,880.00
MYM	343.0000000	343	$171.50
YM	343.0000000	343	$1,715.00
M2K	21.2000000	212	$106.00
FESX	26.0000000	24	$264.24
FDXS	155.0000000	155	$170.66
FDXM	155.0000000	155	$853.28
FDAX	155.0000000	155	$4,266.38
GC	14.8000000	148	$1,480.00
MGC	14.8000000	148	$148.00
CL	0.4800000	48	$480.00
MCL	0.4800000	48	$48.00
6E	0.0050000	100	$625.00
M6E	0.0050000	50	$62.50
6J	0.0000262	53	$331.25
HG	0.0396000	80	$1,000.00
MHG	0.0396000	80	$100.00
FGBL	0.2700000	27	$297.27

In der Abbildung sind einige Futures-Kontrakte und ihr ausgerechnetes Risk P. Contract (Risiko pro Kontrakt) auf eine ATR Distanz (das ist eine an die Volatilität angepasste Distanz) angezeigt in Points (tatsächliche Preisdistanz) und Ticks (Minimalbewegung des Futures).

Der M2K Kontrakt – das ist der Future auf den Russell 2000 Index –, bietet doppelt so wenig Risiko wie der MES Kontrakt. Mit dem Micro Crude Oil Kontrakt MCL ist es sogar möglich, ein Risiko von nur ca. 50$ einzugehen, aber dieser Kontrakt bildet nicht mehr den Aktienmarkt ab. Für alle anderen Futures musst du bei dieser Volatilität im Schnitt 161$ riskieren.

Wenn du pro Trade nicht mehr als 2 % aufs Spiel setzen möchtest, kannst du dir ausrechnen welcher Depotwert dafür notwendig ist.

$$\text{Depotwert}_{2\%\text{Risiko}} = \frac{161\$}{0,02} \approx 8.000\$$$

Laufzeit und Verfall

Futures haben eine begrenzte Laufzeit. Die meisten großen Futures laufen vierteljährlich aus, also im März, Juni, September und Dezember – meist am dritten Freitag des Monats. Wenn du deine Position länger halten möchtest, musst du den Kontrakt "rollen", d. h. den alten Future verkaufen und den neuen kaufen.

Contango und Backwardation

Wenn ein neuer Futures-Kontrakt startet, orientiert sich sein Preis in der Regel am aktuellen Spot-Preis – dem echten Preis des Basiswerts, wird jedoch zusätzlich von Faktoren wie Lagerkosten, Zinsen und Markterwartungen beeinflusst. Am Ende der Laufzeit nähern sich der Futures- und Spot-Preis meist an. Während der Laufzeit kann der Futures-Preis jedoch vom Spot-Preis abweichen, was zu zwei typischen Marktsituationen führt:

- **Contango:** Der Futures-Preis liegt über dem aktuellen Spot-Preis. Das ist häufig bei Rohstoffen mit Lagerkosten oder Unsicherheiten der Fall.

Wenn du Long-Futures in einem Contango-Markt rollst, zahlst du bei jeder Verlängerung einen Aufpreis, was die Rendite schmälert.

- **Backwardation:** Der Futures-Preis liegt unter dem Spot-Preis, etwa bei akuter Knappheit oder besonderem Risiko im Markt. Das Rollen eines Long-Futures kann hier zusätzliche Gewinne bringen.

Crypto Perpetual Futures

Bei ewig fortlaufenden Futures – "Perpetuals" – gibt es kein festes Verfallsdatum. Diese Art von Futures-Kontrakt wird bei vielen Online-Kryptobörsen angeboten und ist unter Crypto-Tradern beliebt.

Mit einer Long-Perpetual-Position sparst du zwar in einem Contango-Markt die Differenz, weil du nicht rollen musst – aber: Weil der Perpetual nicht verfällt, wird durch eine sogenannte Funding Rate ein Gleichgewicht vom Perpetual-Preis zum Spot-Preis geschaffen. Zwischen Long- und Short-Positionen werden Zahlungen, sogenannte Funding-Gebühren, periodisch ausgetauscht: liegt der Preis des Perpetual Futures über dem Spot-Preis, zahlen Longs an Shorts – liegt er darunter, zahlen Shorts an Longs.

Crypto Perpetual Futures sind rund um die Uhr handelbar und bieten oft extremen Hebel an – bis zu 200-fach. Das heißt: Mit einem Perpetual Future auf einer Börse wie Bitmex könntest du theoretisch dein Geld an einem Tag großer Risiko-Lust mit einem riesigen Hebel in einer Zeitspanne von wenigen Minuten verlieren: eine kleine Marktbewegung reicht, um liquidiert zu werden – oft zu einem schlechten Preis und einer großen Liquidationsgebühr.

→ Wer regulierter und sicherer mit Futures auf Kryptowährungen handeln will, fährt mit klassischen Futures auf herkömmlichen

Exchanges eventuell besser – z.B. mit dem MBT Micro-Bitcoin-Future an der CME. Dieser hat eine deutlich höhere Marginanforderung – das macht es fast unmöglich, "zu viel" zu riskieren.

Kosten

Beim Handel mit Futures-Kontrakten entstehen verschiedene Kosten. Zunächst musst du den Spread überwinden, der die Differenz zwischen dem Bid-Preis (Verkaufspreis) und dem Ask-Preis (Kaufpreis) darstellt. Darüber hinaus gibt es Broker-, Exchange- und Clearing-Gebühren.

Die Gesamtkosten für einen Round Turn – Kauf und Verkauf eines Futures – lassen sich wie folgt zusammenfassen:

$$\text{Gesamtkosten}_{\text{Round Turn}}$$
$$= (\text{Spread} + \text{Broker-Fee} + \text{Exchange-Fee} + \text{Clearing-Fee})$$
$$\cdot \text{Kontrakte} \cdot 2$$

Die spezifischen Gebühren kannst du bei deinem Broker einsehen. Angenommen es existieren diese Kosten pro Kontrakt:

Spread: 5,00$
Broker-Fee: 1,50$
Exchange-Fee: 1,40$
Clearing-Fee: 0,20$

$$\text{Gesamtkosten}_{\text{Round Turn}}$$
$$= (5,00\$ + 1,50\$ + 1,40\$ + 0,20\$) \cdot 2 = 16,20\$$$

Wenn der S&P 500 um 19 Punkte in einer Long-Position steigt ergibt sich ein Bruttogewinn von 950$ bei einem Kontraktwert von 50$ pro Punkt. Nachdem die Kosten von insgesamt 16,20$ abgezogen wurden, bleibt ein Nettogewinn von 933,80$ übrig: Bei diesem Trade fallen die Kosten nicht stark ins Gewicht.

Ab wann sind die Kosten zu hoch? Der Anteil der Kosten vom durchschnittlichen Gewinn und dem durchschnittlichen Verlust für abgeschlossene Futures-Trades sollte nicht höher als 10 % sein. Wenn dies nicht der Fall ist, hast du entweder ein zu enges Punktrisiko im Markt oder handelst ein zu teures Trading-Produkt.

Optionen

Optionen verleihen dem Käufer das Recht, einen Vermögenswert zu einem festgelegten Ausübungspreis (Strike) bis oder zu einem bestimmten Zeitpunkt zu kaufen (Call) oder zu verkaufen (Put). Für dieses Recht zahlt der Käufer dem Verkäufer eine Prämie.

- **Der Käufer (Halter):** Erwirbt gegen Zahlung der Prämie das Recht zur Ausübung der Option und trägt dabei nur das Risiko eines Totalverlusts der gezahlten Prämie.

- **Der Verkäufer (Stillhalter):** Erhält die Optionsprämie, geht dafür aber die Verpflichtung ein, bei Ausübung der Option zu liefern (Call) oder abzunehmen (Put).
  Sein Risiko kann – insbesondere bei ungedeckten Positionen (Naked Call oder Naked Put) – sehr hoch sein.

  - Beim Naked Call ist das Risiko theoretisch unbegrenzt, da der Basiswert im Preis unbegrenzt steigen kann.

  - Beim Naked Put ist das Risiko zwar ebenfalls erheblich, aber begrenzt, da der Basiswert höchstens auf null fallen kann.

Wenn das Nachbardorf brennt

Optionen lassen sich gut mit Versicherungen vergleichen. Eine Put-Option ist wie eine Brandschutzversicherung: Du zahlst eine Prämie dafür, dass du im Brandfall (Kurseinbruch) abgesichert bist. Ist das Ereignis unwahrscheinlich, ist die Versicherung (Option) wenig wert. Wenn aber plötzlich das Nachbardorf brennt – sprich: der Markt wird nervös – steigen die Versicherungspreise stark an, weil die Nachfrage nach Absicherung steigt.

→ Für die eigenen Investoren sind Hedgefonds gerade deshalb attraktiv, weil sie darauf ausgerichtet sind, Marktrisiken mit Optionen und anderen Derivaten abzusichern und so das Portfolio auch in schwierigen Marktphasen stabil halten. Außerdem nutzen viele institutionelle Anleger Strategien, bei denen sie durch den Verkauf von Optionen indirekt als Versicherer auftreten: Sie bieten anderen Marktteilnehmern Absicherung gegen bestimmte Marktrisiken oder Verluste und erzielen im Gegenzug Erträge aus den vereinnahmten Optionsprämien.

ITM, ATM, OTM

Im Optionshandel ist es wichtig zu verstehen, wie sich der Kurs des Basiswerts im Verhältnis zum Ausübungspreis der Option verhält. Diese Beziehung wird in drei Kategorien eingeteilt: In the Money (ITM), At the Money (ATM) und Out of the Money (OTM) – Klassifizierungen, mit denen du Chancen und Risiken auf eine schnelle Art und Weise einschätzen kannst.

$$\text{Optionswert} = \text{Innnerer Wert} + \text{Zeitwert}$$

- **ITM ("im Geld"):** Diese Optionen haben bereits einen inneren Wert und einen vergleichsweise geringen Zeitwert. Ihr Preis hängt vor allem von Kursbewegungen des Basiswerts ab. Änderungen der erwarteten Schwankung wirken sich weniger stark aus.

- **ATM ("am Geld"):** Hier entspricht der Kurs des Basiswerts ungefähr dem Ausübungspreis. Diese Optionen haben keinen inneren Wert, aber den höchsten Zeitwert. Sie reagieren am stärksten auf kleine Kursänderungen und auf Veränderungen der Volatilität.

- **OTM ("aus dem Geld"):** Diese Optionen haben keinen inneren Wert und bestehen nur aus Zeitwert. Sie reagieren weniger stark auf kleine Kursänderungen, sind aber besonders empfindlich gegenüber sehr großen Kursbewegungen in die gewünschte Richtung sowie auf Veränderungen der Volatilität.

Die Griechen

Die Griechen sind Kennzahlen, die nicht nur das Verhalten von Optionen beschreiben, sondern auch konkrete Risiken, Sensitivitäten und Preisänderungen quantifizieren. Sie geben an, wie sich der Wert einer Option bei Veränderungen bestimmter Einflussgrößen wie Kurs, Volatilität, Zeit und Zins verändert.

Delta

Das Delta gibt an, wie stark sich der Optionspreis verändert, wenn sich der Basiswert um 1 Einheit bewegt. Man kann es auch so sehen, dass es die Prozent-Wahrscheinlichkeit angibt, dass die Option am Ende im Geld, also im Gewinn steht.

Beispiele: Eine Call-Option mit Delta 0,6 steigt um 0,60$, wenn der Basiswert um 1,00$ steigt. Es existiert zum Zeitpunkt mit Delta 0,6 eine 60 %ige Wahrscheinlichkeit, dass diese Option am Verfallsdatum im Gewinn liegt. Ein Put mit Delta −0,40 verliert 0,40$, wenn der Basiswert um 1,00$ steigt.

Gamma

Delta zeigt dir, wie stark der Preis einer Option auf Kursänderungen des Basiswerts reagiert – aber: Delta bleibt nicht immer gleich. Wenn sich der Kurs des Basiswerts bewegt, verändert sich auch das Delta. Genau hier kommt Gamma ins Spiel: Gamma misst, wie schnell sich das Delta verändert.

Ein Beispiel: Stell dir vor, eine Option hat ein Delta von 0,40. Steigt die Aktie um 1 €, erhöht sich das Delta auf 0,48 – das heißt, die Option reagiert jetzt noch stärker auf weitere Kursanstiege.

$$\Gamma = \frac{\Delta_{neu} - \Delta_{alt}}{Preis_{neu} - Preis_{alt}}$$

$$\Gamma = \frac{0,48 - 0,40}{1,00} = 0,08$$

Gamma ist also der Beschleuniger des Hebel. Je näher eine Option ins Geld kommt, desto empfindlicher reagiert sie auf Kursbewegungen. Gamma sorgt dafür, dass sich die Hebelwirkung der Option mit dem Kursverlauf verändert.

Ein Gammawert von 0,15 ist eine Warnung: Diese Option hat aktuell einen besonders starken Hebel und ist entsprechend volatil und riskant.

Theta

Optionen sind Verträge mit einem Verfallsdatum. Je näher dieses Datum rückt, desto weniger ist die Option wert, selbst wenn sich der Kurs des Basiswerts nicht ändert. Das liegt am Theta, der Kennzahl für den Zeitwertverfall einer Option. Ein Theta von beispielsweise -0,05 bedeutet, dass die Option – wenn alle anderen Faktoren gleich bleiben – pro Tag etwa 0,05 € an Wert verliert. Eine Option verliert mit der Zeit an Wert, weil die Wahrscheinlichkeit sinkt, dass sie sich bis zum Ablauf noch stark genug bewegt, um im Geld zu enden. Der Zeitwertverfall ist am stärksten in den letzten Wochen bzw. Tagen vor dem Verfall, wenn das Theta besonders hoch bzw. negativ ist.

- **Für Käufer:** Zeit arbeitet gegen dich – du hast die Prämie bezahlt, und mit jedem Tag, an dem sich der Kurs nicht wie gewünscht bewegt, verliert deine Option an Wert.

- **Für Verkäufer:** Zeit arbeitet für dich – du hast die Prämie erhalten, und mit jedem Tag, an dem nichts passiert, steigt die Wahrscheinlichkeit, dass du sie behalten kannst. Die Prämie ist jedoch erst endgültig dein Gewinn, wenn die Option wertlos verfällt oder du sie zu einem niedrigeren Preis zurückkaufst – ein sofortiger Rückkauf bringt normalerweise keinen Gewinn.

Beispiel als Verkäufer einer Call-Option: Sobald der Kurs des Basiswerts über den Strike-Preis steigt, beginnt die Option für den Käufer "in the money" zu werden. Der Stillhalter muss dann die Differenz zwischen aktuellem Kurs und Strike-Preis abzüglich der erhaltenen Prämie zahlen. Je weiter der Kurs über den Strike-Preis steigt, desto größer wird der Verlust für den Verkäufer.

Omega

Ein wesentlicher Aspekt von Optionen ist ihre Hebelwirkung Omega. Mit kleinem Kapitaleinsatz kontrollierst du große Summen, weil du nur die Optionsprämie zahlen musst, nicht den vollen Wert des Basiswerts.

Beispiel: Du kaufst eine Call-Option auf eine Aktie, die bei 100 € steht. Die Option kostet 2,50 €, Strike ist 105 €, Laufzeit 30 Tage.

- 1 Optionskontrakt = 100 Aktien (Standard bei Aktien)
- Du zahlst: 2,50 € · 100 = 250 €

$$\text{Volumen} = 100\,\text{Aktien} \cdot 100\,\text{€} = 10.000\,\text{€}$$

$$\text{Hebelwirkung} = \frac{\text{Volumen}}{\text{Kapital}}$$

$$= \frac{10.000\,\text{€}}{250\,\text{€}} = 40$$

Das ist ein hoher Hebel, aber nur der theoretisch mögliche. In der Praxis ist der tatsächliche Hebel meist geringer, da die Preissensitivität der Option, vor allem das Delta, berücksichtigt werden muss.

Effektiver Hebel

Angenommen die Option hat ein Delta von 0,40 (typisch für leicht aus dem Geld):

$$\text{Effektiver Hebel} = \frac{\text{Basispreis}}{\text{Optionspreis}} \cdot \text{Delta}$$

$$= \frac{100\,\text{€}}{2{,}50\,\text{€}} \cdot 0{,}4 = 16$$

Ein 16-facher Hebel ist der sogenannte effektive Hebel, mit dem du ungefähr rechnen kannst: Steigt der Basiswert um 1 %, steigt # der Optionspreis ungefähr um 16 % – fällt der Basiswert um 1 %, fällt der Optionspreis um ungefähr 16 %.

Hinweis: Ein Anfängerfehler ist es, den Hebel als konstant wahrzunehmen. Omega ist nur eine Momentaufnahme und ändert sich mit dem Kurs, der Restlaufzeit, der Volatilität und dem Delta der Option.

Vega und Implizite Volatilität

Vega ist eine Kennzahl im Optionshandel, die angibt, wie stark sich der Preis einer Option verändert, wenn sich die implizite Volatilität des Basiswerts um einen Prozentpunkt verändert. Ein Vega von 0,10 bedeutet beispielsweise, dass der Preis der Option um 0,10 € steigt oder fällt, wenn die implizite Volatilität des Basiswerts um 1 % zunimmt oder abnimmt.

Vega ist bei Optionen am höchsten, wenn sie am Geld sind und eine längere Restlaufzeit haben. Je höher das Vega, desto empfindlicher reagiert der Optionspreis auf Veränderungen der Volatilität.

- **Positives Vega:** Long-Optionen profitieren von steigender Volatilität, da der Optionspreis dann steigt.

- **Negatives Vega:** Short-Optionen profitieren von sinkender Volatilität, da der Optionspreis dann fällt.

Implizite Volatilität

Implizite Volatilität – englisch: Implied Volatility – ist die erwartete, annualisierte Schwankungsbreite des Basispreises, in Standardabweichung gemessen. Eine 33,1 % beispielsweise, bedeutet, dass mit einer 68 % Wahrscheinlichkeit (1-fache Standardabweichung) erwartet wird, dass der Preis sich ±33,1 % in den nächsten 12 Monaten bewegt – unter Annahme einer Normalverteilung. Für eine Erwartung über die Schwankung des nächsten Tages, müsstest du durch die Wurzel der Handelstage im Jahr teilen:

$$\sigma_{1Tag} = \frac{33,1\%}{\sqrt{250}} \approx 2,09\%$$

Rho

Rho beschreibt die Sensitivität des Optionspreises gegenüber Änderungen des risikofreien Zinssatzes und quantifiziert damit, wie stark sich der Wert einer Option ändert, wenn der Zinssatz um 1 % steigt oder fällt.

Eine Call-Option mit Rho = 0,05 erhöht ihren Wert um 0,05 €, wenn der Zinssatz um 1 % steigt. Ein Put mit Rho = −0,03 verliert 0,03 € bei gleicher Zinsänderung.

Rho spielt vor allem bei längerfristigen Optionen – 1+ Jahre – eine bedeutende Rolle und bei Optionen auf Staatsanleihen, Zins-Futures oder Zinsswaps, weil diese sehr zinssensitiv sind.

Die Option Chain

Eine Option Chain – deutsch: Optionskette – ist eine Tabelle, die alle verfügbaren Optionen für einen bestimmten Basiswert mit einer bestimmten Laufzeit zeigt, sortiert nach Strike-Preis.

Als Trader kannst du dir hier aussuchen, welche Option du kaufen oder verkaufen willst – je nach Strategie und Risikobereitschaft.

Delta	Price	Ask	Bid	Strike	IV, %	Bid	Ask	Price	Delta
0.63	310.74	311.00	303.50	5,175	36.1	153.25	159.25	155.28	-0.37
0.61	295.03	294.25	285.75	5,200	36.0	160.75	166.75	162.39	-0.39
0.59	273.98	276.75	268.75	5,225	35.1	168.50	174.50	171.81	-0.41
0.58	256.78	260.00	252.50	5,250	35.0	176.50	182.50	177.66	-0.42
0.56	243.55	242.25	236.25	5,275	34.1	185.00	191.00	185.85	-0.44
0.54	227.39	226.25	220.25	5,300	34.0	193.25	200.00	199.40	-0.46
0.52	208.90	210.75	204.50	5,325	33.1	203.00	209.25	208.83	-0.48
				ESM2025 5,326.75					
0.51	195.84	195.50	189.25	5,350	32.1	212.75	219.00	216.43	-0.50
0.49	180.74	181.25	175.00	5,375	32.0	223.00	229.25	229.08	-0.52
0.46	162.27	167.00	160.75	5,400	31.1	232.00	240.25	237.03	-0.54
0.43	148.70	152.50	146.50	5,425	31.0	243.25	251.50	248.72	-0.56
0.42	137.94	139.25	133.25	5,450	30.1	254.00	263.00	260.59	-0.58
0.39	123.28	126.50	120.75	5,475	30.0	267.00	275.25	272.07	-0.61
0.37	111.12	114.50	108.50	5,500	29.1	279.75	288.25	288.82	-0.63

ESM2025 bezeichnet den S&P 500 E-mini Future mit Fälligkeit im Juni 2025, M ist der Code für den Liefermonat Juni. Das Verfallsdatum ist der 20.06.2025. Der aktuelle Preis des Basiswerts ist bei 5.326,75.

Die Seiten: Call- und Put-Optionen

Der linke Bereich zeigt Call-Optionen, und deren Preise auf der Käuferseite (Ask – Long Calls) und der Verkäuferseite (Bid – Short Calls), als auch den zuletzt gehandelten Kurs zwischen diesen zwei Seiten.

Auf der rechten Seite befinden sich Put-Optionen – also Optionen, mit denen du auf fallende Kurse spekulieren kannst (Ask – Long Puts) oder für regelmäßiges Einkommen bzw. zur Absicherung verkaufen kannst (Bid – Short Puts).

Die Quadranten: OTM und ITM

In den Quadranten im schräg gestrichelten Bereich sind die Optionen ITM. Zum Beispiel im linken oberen Quadranten bei den Call-Optionen. Diese haben einen Strike-Preis, der unter dem aktuellen Marktpreis des Basiswerts S&P 500 liegt. Das bedeutet, sie besitzen bereits einen inneren Wert.

Im Quadrant unten links und im Quadrant oben rechts sind die Optionen OTM. Zum Beispiel im Quadranten unten links liegt der Strike-Preis über dem aktuellen Marktpreis – das heißt für Call-Optionen: Sie besitzen keinen inneren Wert, sondern bestehen aus Zeitwert.

Der Skew: Strike und IV

In der Mitte der Optionskette stehen in jeder Reihe der Strike-Preis und die implizite Volatilität (IV).

Die IV eines bestimmten Strikes zeigt nicht einfach die erwartete Schwankung rund um diesen Preis. Stattdessen weist der Markt jedem Strike eine eigene IV zu, um abzubilden, wie risikoreich oder wahrscheinlich bestimmte Kursbewegungen für diesen Strike eingeschätzt werden.

Die IV ist also ein Maß für die vom Markt erwartete Schwankungsintensität des Basiswerts in Bezug auf einen bestimmten Ausübungspreis und spiegelt die aktuelle Risikowahrnehmung und Nachfrage nach Absicherung wider.

Volatility Skew

Investoren in der abgebildeten Optionskette gehen offenbar nicht von einer symmetrischen Verteilung der erwarteten Schwankungen aus. Das zeigt sich daran, dass die IV bei niedrigeren Strikes – vor allem bei Puts – höher ist als bei höheren Call-Ausübungspreisen. Der Grund: Viele Marktteilnehmer sichern sich mit Puts gegen starke Kursverluste ab, was die Nachfrage und damit die IV bei diesen Strikes erhöht. Umgekehrt ist die Nachfrage nach weit "out of the money" liegenden Calls geringer, weshalb die IV bei hohen Strikes niedriger ist.

Dieses Phänomen wird als Volatility Skew bezeichnet: Die implizite Volatilität ist für Optionen auf einer Seite der Strike-Preise deutlich höher als auf der anderen. Der Skew spiegelt das vorherrschende Marktsentiment und die ungleiche Verteilung von Aufwärts- und Abwärtsrisiken wider. In diesem Fall ist es ein pessimistisches – bearishes – Marktsentiment.

Eine gleichmäßige Verteilung der IV über alle Strikes – wie sie etwa bei Devisen oder Rohstoffen häufiger vorkommt – wird als Volatility Smile bezeichnet. Im Aktienbereich ist jedoch meist ein Skew zu beobachten, da das Absicherungsbedürfnis gegen starke Kursverluste größer ist als gegen starke Kursgewinne.

Optionsbewertungsmodelle

Optionsbewertungsmodelle werden nicht nur eingesetzt, um den theoretisch fairen Preis einer Option zu berechnen, sondern sind auch ein zentrales Werkzeug für das Risikomanagement und die Szenarioanalyse. Professionelle Marktteilnehmer wie Hedgefonds nutzen diese Modelle, um vor dem Eingehen eines Trades verschiedene Marktsituationen durchzuspielen: Kursbewegungen, Volatilitätsänderungen oder Stressszenarien.

Black-Scholes-Modell

Das Black-Scholes-Modell liefert den theoretischen Optionspreis und hilft für einfache Optionen, die Ertragskurve zu simulieren – z.B. wenn du wissen willst, wie viel die Option am Ende der Laufzeit wert ist unter Annahme einer Normalverteilung und konstanter Volatilität. Das Modell wird in den vielen Options-Orderfenstern bei Brokern genutzt.

Mathematischer Ausdruck:

$$C = S_0 \cdot N(d_1) - K \cdot e^{-rT} \cdot N(d_2)$$

mit:

$$d_1 = \frac{ln(\frac{S_0}{K}) + (r + \frac{\sigma^2}{2})T}{\sigma\sqrt{T}}, d_2 = d_1 - \sigma\sqrt{T}$$

- C: Preis der Call-Option
- S_0: Kurs des Underlyings
- K: Strike-Preis
- T: Restlaufzeit in Jahren
- r: risikofreier Zinssatz
- σ: Volatilität
- $N(d)$: die kumulative Standardnormalverteilung

Beispiel zur Berechnung von C mit folgenden Beispieldaten:

$$S_0 = 100 \, €$$
$$K = 105 \, €$$
$$T = 30 \, \text{Tage} = 0{,}082 \, \text{Jahre}$$
$$r = 2\% = 0{,}02$$
$$\sigma = 30\% = 0{,}3$$

Eingesetzt:

$$d_1 = \frac{ln(\frac{100}{105}) + (0{,}02 + \frac{0{,}3^2}{2}) \cdot 0{,}082}{0{,}3 \cdot \sqrt{0{,}082}} \approx -0{,}294$$

$$d_2 = -0{,}0294 - 0{,}3 \cdot \sqrt{0{,}082} \approx -0{,}576$$

Die Normalverteilung muss auch noch berechnet werden werden, das geht z.B. mit =NORM.DIST(d_1; 0; 1; TRUE) in Google Sheets:

$$N(d_1) = N(-0{,}294) \approx 0{,}384$$

$$N(d_2) = N(-0{,}576) \approx 0{,}282$$

Eingesetzt in die Black Scholes Formel:

$$C = 100 \cdot 0{,}384 - 105 \cdot e^{-0{,}02 \cdot 0{,}082} \cdot 0{,}282$$
$$C = 38{,}4 - 105 \cdot 0{,}9984 \cdot 0{,}282 \approx 38{,}4 - 29{,}6 = 8{,}80 \, €$$

Der theoretische, faire Preis ist also 8,80 €. Das kann nützlich zu wissen sein für die Berechnung des zukünftigen Werts deiner Option oder eine jetzige Bewertung: Wenn der tatsächliche Optionspreis deutlich über dem fairen Wert liegt, zahlst du möglicherweise einen Aufpreis: die Option ist im Vergleich zum fair berechneten Wert teuer. Liegt der Marktpreis hingegen deutlich darunter, könnte die Option unterbewertet sein – das wäre ein Abschlag.

Heston-Modell

Das Black-Scholes-Modell wird im professionellen Umfeld meist nur noch als Referenz oder für einfache Produkte genutzt. Für eine realitätsnähere Bewertung und das Risikomanagement verwenden Hedgefonds typischerweise Modelle wie das Heston-Modell, da diese die tatsächlichen Marktgegebenheiten besser widerspiegeln.

Das Heston-Modell ist deutlich flexibler als das Black-Scholes-Modell, da es den in der Praxis auftretenden Volatility Skew oder den Volatility Smile realistisch abbilden kann. Es berücksichtigt, dass die Volatilität nicht konstant ist, sondern im Zeitverlauf zum Mittelwert zurückkehrt.

Die Dynamik des Basiswerts S_t und seiner Varianz v_t wird mit einer Differentialgleichung beschrieben.

Formel:

$$dS_t = \mu S_t dt + \sqrt{v_t} S_t dW_t^S$$

$$dv_t = \kappa(\theta - v_t)dt + \xi\sqrt{v_t}dW_t^v$$

wobei:

- S_t: Preis des Basiswerts zum Zeitpunkt t
- v_t: Momentanvarianz σ_t^2
- μ: erwartete Rendite des Basiswerts
- κ: Geschwindigkeit der Mittelwertrückkehr der Varianz
- θ: langfristiges Mittel der Varianz
- ξ: Volatilität der Varianz ("vol of vol")
- dW_t^S, dW_t^v: zwei korrelierte Wiener-Prozesse mit Korrelation p

Eine konkrete Berechnung mit Heston-Modell wird mit Simulation möglichst vieler Kursverläufe des Basiswerts und seiner Volatilität bis zum Laufzeitende ausgerechnet. Für jeden Verlauf wird die Auszahlung der Option, also wie viel sie am Zeitpunkt t wert wäre, berechnet.

$$\max(S_t - K, 0)$$

Der durchschnittliche Wert aller Auszahlungen wird dann mit dem risikofreien Zinssatz r abgezinst.

$$C_0 = e^{-rt}\mathbb{E}[\max(S_t - K, 0)]$$

Hier ist ein (experimenteller) Simulator dafür:
https://kluge.in-chemnitz.de/tools/sharesim/heston.php

Und ein Preis-Rechner: https://kluge.in-chemnitz.de/tools/pricer/

Wie auch das Black-Scholes-Modell ist das Modell nützlich, um den zukünftigen Wert unter bestimmten Extrem- oder Ziel-Szenarien zu berechnen oder den jetzigen Wert als fair für Kaufs- und Verkaufsentscheidungen zu bewerten – auch mit schwankender Volatilität.

Weitere Modelle

Das Heston-Modell hat auch einige Schwächen: Es geht davon aus, dass Preis- und Volatilitätsprozesse keine plötzlichen Sprünge (Jumps) enthalten, wie sie bei extremen Marktereignissen auftreten können. Für Märkte, in denen plötzliche Preissprünge eine große Rolle spielen, werden daher oft erweiterte Modelle wie das Bates- oder Bakshi-Modell eingesetzt, die explizit Sprungprozesse berücksichtigen.

$\rightarrow$ Hedgefonds wie Renaissance Technologies oder Two Sigma verwenden in der Praxis weit komplexere Optionsbewertungsmodelle. Sie setzen auf eigens entwickelte quantitative Modelle, die maschinelles Lernen, künstliche Intelligenz und Big Data einbeziehen, um Marktdynamiken, Volatilitätsstrukturen und Extremereignisse möglichst realitätsnah abzubilden. Diese Modelle sind oft proprietär und werden streng geheim gehalten. Sie gehen weit über klassische stochastische

Volatilitätsmodelle hinaus und berücksichtigen zahlreiche Einflussfaktoren, die Privatanlegern meist nicht zugänglich sind.

Für Privatanleger sind solche hochentwickelten Modelle praktisch nicht verfügbar, da sie enorme Rechenleistung, Datenmengen und spezielles Know-how voraussetzen. Wer als Privatanleger komplexere Simulationen durchführen möchte, kann auf Open-Source-Software wie QuantLib zurückgreifen, die etwas fortgeschrittene Modelle wie Heston und Variationen davon unterstützen. Dies erfordert allerdings Coding-Skills.

Modell/Tool	Verfügbarkeit für Retails	Komplexität	Anbieter/ Tool
Black-Scholes	Hoch	Einfach	Fast jeder Broker, Online-Rechner
Heston	Mittel	Mittel	QuantLib, Online-Rechner
Modelle mit Jumps	Niedrig	Hoch	Kommerzielle Software wie OptionVue, Quantlib
Proprietäre Modelle	Sehr gering	Hoch	Nur bei Hedgefonds wie Renaissance

Risikoberechnung für Optionen

Wenn du einfache Long-Calls oder -Puts handelst – oder Kombinationen aus mehreren Long- und Short-Calls bzw. -Puts – und die konkreten maximalen Verlust-Risiken berechnen möchtest, kannst du dafür Tools wie das Orderfenster von Interactive Brokers nutzen, das auf Black-Scholes basiert. Dieses Tool gibt es auch in einem kostenlosen Simulationskonto, allerdings mit verzögerten Preisdaten.

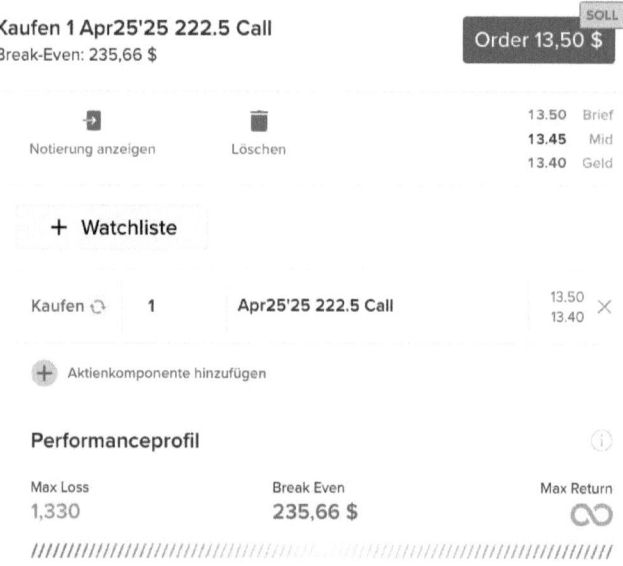

Beispiel: Eine Option, die 100 Tesla Aktien kontrolliert, Expiration in 4 Tagen – Long Call mit Verfallsdatum Apr.25'25, Strike Price 222,5: Der maximale Verlust ist 1.330 €.

| | P&L | Delta | Gamma | Vega | Theta | Rho |

SZENARIO	-10 %	0 %	10 %	20 %	30 %
Underlying	201,87	224,29	246,72	269,15	291,58
P&L	-1370,00	-1190,50	1052,45	3295,40	5538,35
Delta	0,00	1,00	1,00	1,00	1,00
Gamma	0,00	0,00	0,00	0,00	0,00
Vega	0,00	0,00	0,00	0,00	0,00
Theta	0,00	0,00	0,00	0,00	0,00

Eine P&L Simulation zeigt unterschiedliche Ausgänge nach dem Black-Scholes Modell bei Szenarien von −10 % bis +30 %. Die Szenario-Werte sind gemessen am Verfallsdatum (geknickte Linie), deswegen sind Gamma, Vega, Theta und Delta 0 – bzw. Delta 1, wenn es im Geld steht. Durch eine veränderte Implied Volatility könnte das Ergebnis zusätzlich verzerrt werden.

Futures-Optionen

Neben klassischen Optionen auf Aktien gibt es auch Optionen auf Futures – Futures-Optionen. Sie ermöglichen es, einen Future, z.B. auf Gold, Öl oder den DAX, als Basiswert der Option zu handeln. Das bedeutet, dass beim Ausüben der Option ein Futures-Kontrakt gekauft oder verkauft wird.

Die Anzahl der kontrollierten Einheiten pro Option unterscheidet sich bei Futures-Optionen von Aktienoptionen. Während sich eine Aktienoption in der Regel auf 100 Aktien bezieht, ist das Bezugsverhältnis bei Optionen auf Futures meist 1:1 – das heißt, eine Option berechtigt zum Kauf oder Verkauf von genau einem Futures-Kontrakt. Wie viele Einheiten des Basiswerts tatsächlich bewegt werden, hängt von der Kontraktgröße des jeweiligen Futures ab. Bei einer Gold-Futures-Option steht ein Kontrakt beispielsweise für 100 Unzen Gold. Liegt der Goldpreis bei 2.000 $ pro Unze, bewegst du mit einem einzigen Kontrakt bereits 200.000 $. Bei anderen Futures ist die Kontraktgröße und eventuell das Bezugsverhältnis zur Option anders.

→ Neben Optionen auf Aktien und Futures kannst du auch Optionen auf ETFs, ETCs und ETNs (Exchange Traded Notes) handeln. Die Funktionsweise und Kontraktspezifikationen ähneln dabei meist denen von Aktienoptionen: Eine Option bezieht sich in der Regel auf einen bestimmten Block von Anteilen, zum Beispiel 100 ETF-Anteile pro Kontrakt.

Handelsplatz von Optionen

Optionen werden an spezialisierten Terminbörsen wie der CBOE (Chicago Board Options Exchange) gehandelt. Der Handel läuft wie bei Futures über Clearingstellen ab, was das Kontrahentenrisiko minimiert, also das Risiko, dass die Gegenseite nicht liefert oder zahlt. Für Liquidität sorgen in der Regel professionelle Market Maker wie Citadel Securities oder Jane Street: Handelsfirmen, die automatisiert laufend Kauf- und Verkaufskurse stellen. Dadurch gibt es so gut wie immer eine Gegenseite für deine Order.

Optionen sollten möglichst liquide sein, um effektiv gehandelt werden zu können. Liquide Optionen erkennst du daran, dass sie regelmäßig und in größeren Stückzahlen gehandelt werden und der Unterschied zwischen Kauf- und Verkaufspreis (Spread) gering ist. Das ermöglicht es, Aufträge schnell und zu fairen Preisen auszuführen.

Allerdings ist das nicht immer der Fall: Besonders bei exotischen Basiswerten, sehr weit aus dem Geld liegenden Optionen oder bei Laufzeiten mit geringem Handelsvolumen können Optionen illiquide sein. In solchen Fällen sind die Spreads oft sehr weit, was zu höheren Handelskosten und schlechteren Ausführungspreisen führen kann. Daher ist bei Optionen mit geringer Liquidität besondere Vorsicht geboten.

Options-Spreads

Optionen können auch in Kombinationen gehandelt werden – z. B. mit einem gleichzeitigen Kauf und Verkauf verschiedener Optionen.

Manche dieser Strategien nennt man Spreads. Sie helfen, das Risiko zu steuern, bestimmte Szenarien konkret abzusichern oder auch Theta gezielt zu nutzen.

→ Spreads werden im nächsten Diversifikator "Strategien" noch ausführlich erklärt.

Gehebelte ETFs

Gehebelte ETFs ermöglichen es, mit einem Hebel von meist 2x oder 3x auf steigende oder fallende Kurse eines Basiswerts zu setzen. Um diese Hebelwirkung zu erreichen, verwenden gehebelte ETFs in der Regel Swaps – das sind Finanzderivate, bei denen der ETF mit einer Gegenpartei die Rendite des Basiswerts gegen eine gehebelte Rendite tauscht. Dadurch kann der ETF die gewünschte Hebelwirkung erzielen, ohne die zugrunde liegenden Vermögenswerte vollständig physisch halten zu müssen.

Sie sind nicht für langfristiges Halten geeignet, da die tägliche Neugewichtung (Pfadabhängigkeit) bei hoher Volatilität zu schleichenden Verlusten führen kann – selbst wenn der Basiswert seitwärts läuft. Das Einsatzgebiet ist deshalb für einen kurzen Zeitraum von 1–5 Tagen vorgesehen, um entweder von klaren Marktbewegungen zu profitieren oder um bestehende Positionen gezielt abzusichern.

Hedgefonds nutzen gehebelte ETFs selten, da sie direkt mit Swaps und anderen Derivaten wie Optionen und Futures flexibler agieren können. Für Privatanleger bieten gehebelte ETFs dennoch einen vergleichsweise einfachen Zugang zu Hebelstrategien ohne den Einsatz von Optionen oder Futures.

ETFs, die auf fallende Kurse setzen, heißen inverse ETFs. Wenn der zugrunde liegende Index fällt, steigt der inverse ETF und umgekehrt.

Beispiele für gehebelte ETFs:

- Amundi EURO STOXX 50 Daily (-2x) Inverse
- Xtrackers Euro Stoxx 50 Short Daily Swap (1x Short)
- L&G DAX Daily 2x Short, Amundi LevDAX (2x Long)
- Xtrackers S&P 500 2x Inverse Daily Swap (2x Short)
- WisdomTree Gold 3x Lev (3x Long)

Verlustbegrenzung

Mit Ausnahme von Long-Optionen, Spreads ohne Naked Risk und gehebelten ETFs, bei denen der Verlust auf das eingesetzte Kapital begrenzt ist, bergen viele Derivate wie Futures oder ungedeckte Optionsstrategien ein unbegrenztes Verlustrisiko. Wenn du diese Derivate einsetzt, solltest du als verantwortlicher Portfoliomanager im Falle eines Kursrückgangs Maßnahmen ergreifen, um das Risiko zu begrenzen. In der Praxis kannst du das über Stop-Loss-Orders steuern: Dabei wird festgelegt, bei welchem Kurs die Position automatisch geschlossen wird – idealerweise auf einem sinnvollen Level, ab dem deine Tradingidee nicht mehr gültig ist.

Kurslücken

Kurslücken – auch Gaps genannt – entstehen, wenn ein Markt nach einer Handelspause mit einem deutlich anderen Kurs eröffnet. Solche Lücken treten vor allem über Nacht oder über das Wochenende auf, wenn z.B. Umsatzzahlen nach Börsenschluss veröffentlicht werden oder ein marktrelevantes Ereignis am Wochenende stattfindet. Speziell bei Einzelaktien besteht dieses Risiko.

Das Problem dabei: Du kannst nicht reagieren, solange der Markt geschlossen ist. Wenn du auf der falschen Seite positioniert bist, kann das erhebliche Verluste verursachen.

Wie kannst du im Angesicht eines Gap-Risikos deine Verluste effektiv begrenzen? Das geht am Besten mit Optionen. Wer eine Call- oder Put-Option kauft, hat von vornherein ein klar begrenztes Risiko. Selbst wenn der Markt komplett gegen dich läuft oder es eine massive Kurslücke gibt – mehr als die bezahlte Prämie kannst du nicht verlieren.

Das Gap-Risiko wird mit IV in der Option eingepreist. Genau dieser Aspekt macht den Kauf von Optionen besonders attraktiv in unsicheren Marktphasen, in denen Gaps über die Börsenschlusszeiten häufiger auftreten können oder generell für Aktien, die bei den vierteljährlichen Umsatzmeldungen oft viele Prozent nachbörslich nach oben oder unten springen.

Du kannst nicht nur neue Positionen mit Optionen absichern, sondern auch bestehende Investments damit schützen. Zum Beispiel lässt sich eine Long-Future-Position im DAX durch den Kauf einer Put-Option gegen größere Kursverluste über das Wochenende absichern.

Kurslücken in Futures können besonders gefährlich sein, weil du in die Nachschusspflicht geraten kannst. Allerdings handeln die meisten Futures nahezu rund um die Uhr – gerade Indizes wie der S&P 500, Nasdaq oder DAX sind über weite Teile des Tages und der Nacht handelbar, mit nur kurzen Pausen von ein bis vier Stunden. Außerdem schützt dich die erhöhte Marginanforderung über Nacht.

Auch News-Events können zum Teil Kurssprünge auslösen, denn der Markt ist immer eine Auktion und der nächste Kurs ist der, bei dem die meisten Kauf- und Verkaufsorders zusammentreffen – das ist eine Tatsache, die nicht verhindert werden kann. Ein- und Ausstiege sollten Minuten vor und nach einem wichtigen Ereignis in gap-anfälligen Märkten mit Einsatz von viel Hebel vorsichtshalber nicht getätigt werden.

Absicherungsstrategien

Auch wenn viele komplexe Strategien mit Derivaten existieren, nutzen viele Fonds einfache Long-Call- und Long-Put-Positionen, um Risiken im Portfolio abzusichern.

Besonders beliebt sind Optionen für Absicherungsstrategien, weil sie im Gegensatz zu Stop-Loss-Strategien in Termingeschäften nicht "ausgestoppt" werden können.

Ein Beispiel: Szenario-Erwartung ist, dass der Goldpreis irgendwann in den nächsten 6 Monaten um 20–30 % einbricht. Steigt der Goldpreis nach Einstieg in eine OTM-Put-Option zunächst deutlich an, wird die Option fast wertlos. Fällt der Goldpreis aber im weiteren Verlauf innerhalb kurzer Zeit um 20–30 % vor dem Verfallstag und gewinnt durch Gamma-Beschleunigung und IV an Wert, kann immer noch ein erheblicher Gewinn erzielt werden.

Währungsabsicherung

Hedgefonds, die weltweit investieren, sind häufig Währungsrisiken ausgesetzt und müssen Currency Hedging betreiben. Ein Fonds, der beispielsweise US-amerikanische Tech-Aktien long hält, ist auch vom Wechselkurs EUR/USD abhängig, denn ein fallender Dollar würde die Rendite schmälern.

Um dieses Risiko abzusichern, kann der Fonds Long-Put-Optionen auf den USD oder Long-Call-Optionen auf den Euro kaufen. Diese Strategie schützt die Rendite gegen ungünstige Wechselkursbewegungen, ohne die zugrunde liegende Aktienposition auflösen zu müssen. Dabei wird der Fremdwährungsbetrag mit dem angenommenen Wechselkursrisiko – z. B. 5 % Abwertung – multipliziert. Daraus ergibt sich der potentielle Verlust, der durch eine Option gezielt abgesichert wird.

Ein weiteres Beispiel von Currency Hedging im professionellen Bereich: Ein japanischer Exporteur, der Produkte in die USA liefert, muss sich gegen ein starkes Yen-Risiko absichern. Steigt der Yen-Wert gegenüber dem Dollar, würden seine Dollar-Erlöse, in Yen umgerechnet, schrumpfen. Durch den Kauf von USD/JPY-Call-Optionen oder Yen-Put-Optionen kann das Unternehmen einen Mindestwechselkurs und damit die Profitabilität schützen.

→ Alternativ zu Optionen kannst du, wenn du in einen Index investieren möchtest, auch währungsgesicherte (hedged) Indexfonds wie den "iShares MSCI Japan EUR Hedged" oder der "Xtrackers MSCI USA Hedged Equity" kaufen. Sie minimieren gezielt das Wechselkursrisiko zwischen der Fondswährung und der Währung des Zielmarkts. Damit partizipierst du an der Wertentwicklung der jeweiligen Aktienmärkte, ohne von Währungsschwankungen beeinflusst zu werden.

Analyse-Methoden

Wer long und short – besonders mit dem Zusatz von Hebel – handelt, muss mehr beherrschen als nur den Kaufbutton zu tätigen, nachdem das Risiko ausgerechnet ist. Entscheidend ist die Fähigkeit, Märkte im größeren Kontext als unter- oder überbewertet einzuordnen. Professionelle Investoren treffen ihre Entscheidungen nicht auf Basis kurzfristiger Signale, sondern durch systematische Bewertung im Makro-, Mikro- oder Sektor-Kontext. Dabei trennen sie klar zwischen Analyse und Entscheidung: Analysten untersuchen einzelne Unternehmen mikroskopisch oder stellen Thesen über makroökonomische Themen, Konsumententrends oder ganze Branchen auf. Ihre Ergebnisse werden nicht sofort gehandelt, sondern vom Risikomanager gewichtet und ins Portfolio integriert – mit Blick auf das gesamte Exposure.

Dieses Prinzip kannst auch du adaptieren: Analysiere regelmäßig, aber losgelöst vom unmittelbaren Handeln an der Börse. Du kannst z.B. am Wochenende oder abends nach Börsenschluss Hypothesen aufstellen – über fundamentale oder strukturelle Fehlbewertungen bestimmter Assets.

Die folgenden Analyse-Methoden werden von Hedgefonds nachweislich eingesetzt und können dir helfen, rationale Analysen für Wochenend-Hypothesen aufzustellen.

Multiples-Analyse

Bei der Multiples-Analyse schaust du dir an, wie Unternehmen an der Börse bewertet werden – zum Beispiel im Verhältnis zu ihrem Gewinn, Umsatz oder Buchwert. Das machst du nicht nur für ein einzelnes Unternehmen, sondern vergleichst es mit anderen ähnlichen Firmen aus derselben Branche (der sogenannten Peer Group).

Du suchst dir also zum Beispiel das durchschnittliche Kurs-Gewinn-Verhältnis (KGV) dieser Vergleichsunternehmen heraus. Dann nimmst du den Gewinn des Unternehmens, das du bewerten möchtest, und multiplizierst ihn mit diesem Durchschnittswert. So bekommst du einen Schätzwert, wie viel das Unternehmen ungefähr wert sein könnte.

Beispiel:

Durchschnittliches KGV der Peer Group: 15
Gewinn des zu bewertenden Unternehmens: 10 Mio. €
Geschätzter Wert: 10 Mio. € · 15 = 150 Mio. €

Das gleiche Prinzip funktioniert auch mit anderen Kennzahlen wie Umsatz (KUV) oder Buchwert (KBV). Je nachdem, welche Kennzahl du nutzt, erhältst du verschiedene Blickwinkel auf die Bewertung.

Für eine aussagekräftige Analyse solltest du die Kennzahlen von mehreren Jahren betrachten und dabei Sondereffekte herausrechnen, damit das Ergebnis nicht durch einmalige Ereignisse verzerrt wird.

Die Methode ist leicht zu erlernen. Alles, was du dafür brauchst, ist eine Excel-Tabelle und ein kostenloser Aktienscanner wie finviz.com, mit dem du den Aktienmarkt nach Branchen und Sektoren filtern kannst.

Discounted Cash Flow

Die DCF-Analyse bewertet ein Unternehmen, indem sie zukünftige Free Cash Flow prognostiziert, diese auf den heutigen Tag abzinst und mit dem Terminal Value (Fortführungswert) kombiniert. Auch Warren Buffett nutzt das Prinzip dieser Analyse, um attraktive Kaufgelegenheiten zu identifizieren.

Formel:

$$DCF = \sum_{t=1}^{n} \frac{FCF_t}{(1+r)^t} + \frac{TV}{(1+r)^n}$$

- FCF_t: Free Cash Flow im Jahr t
- r: Diskontierungssatz (WACC)
- TV: Terminal Value – Finaler Unternehmenswert nach der Prognoseperiode (meist 5 Jahre)

Beispiel:

Das Unternehmen hat eine Marktkapitalisierung von 1,2 Mrd. €. Annahme: Es wächst die nächsten 5 Jahre lang um 8 % p.a. basierend auf der durchschnittlichen Jahr-zu-Jahr-Wachstumsrate der letzten 5 Jahre oder Analysten-Prognosen und es hat einen jetzigen Free Cash Flow von 100 Mio. €.

Marktkapitalisierung, Wachstumsraten und Free Cash Flow kannst du z.B. in TradingView unter Metrics → Financials per Suchfunktion finden.

Der Free Cash Flow FCF in 5 Jahren (aktuelles + 4 Jahre) ist:

$$FCF_{4\,Jahre} = 100\,Mio.\,€ \cdot 1{,}08^4 \approx 136\,Mio.\,€$$

Diskontierungssatz (WACC) festlegen:

- Eigenkapitalkosten (CAPM): 12 %
- Fremdkapitalkosten: 4 %
- Steuersatz: 30 %
- EK/FK-Verhältnis: 70 %

Du findest diese Zahlen meist im Geschäftsbericht des Unternehmens oder auf Finanzportalen wie Yahoo Finance. Alternativ kannst du sie auch durch eine Google-Suche oder mit Hilfe von KI-Tools wie Perplexity.ai oder ChatGPT recherchieren.

Prompt: "Was sind Eigenkapitalkosten, Fremdkapitalkosten, Steuersatz und in % bei Firma X?"

WACC ausrechnen:

$$\text{WACC} = (0{,}7 \cdot 12\%) + (0{,}3 \cdot 4\% \cdot (1 - 30\%)) \approx 9{,}2\%$$

Terminal Value mit Perpetuitätenmethode (Gordon Growth Model) ausrechnen:

$$TV = \frac{FCF_{5Jahr} \cdot (1 + g)}{r - g} = \frac{136 \cdot 1{,}025}{0{,}092 - 0{,}025}$$

$$= \frac{139{,}4}{0{,}067} \approx 2.080 \, \text{Mio.} \, \text{€}$$

→ Diese 2 Berechnungen kann auch KI direkt übernehmen.

Jetzt muss alles abgezinst werden:

Jahr	FCF (Mio. €)	Abzinsfaktor (9,2 %)	Barwert (Mio. €)
1	100	$1 \div 1{,}092 = 0{,}916$	91,6
2	108	$1 \div 1{,}092^2 = 0{,}839$	90,6
3	117	$1 \div 1{,}092^3 = 0{,}768$	89,9
4	126	$1 \div 1{,}092^4 = 0{,}703$	88,6
5	136	$1 \div 1{,}092^5 = 0{,}644$	87,6
TV	2.080	$1 \div 1{,}092^5 = 0{,}644$	1.339,5

Das führt zum Gesamtwert:

$$DCF = 91{,}6 + 90{,}6 + 89{,}9 + 88{,}6 + 87{,}6 + 1.339{,}5$$
$$= 1.787{,}8\,\text{Mio.}\,€$$

Bei einer jetzigen Marktkapitalisierung von 1.200 Mio. € kann gesagt werden, dass ein Aufwärtspotenzial vorliegt, indem der Vergleich von heute auf den zukünftigen Wert vorgenommen wird. Das ergibt: $(1.787{,}8 - 1.200) \div 1.200 = 49\,\%$ – also eine 49 %-Undervaluation.

→ Für Startups, Biotechs und Plattformfirmen mit negativem Cashflow ist es oft sinnvoller, andere Methoden zu verwenden.

TAM- und Risikoanalyse

Mit der TAM- und Risikoanalyse kannst du erkennen, wie groß das Marktpotenzial ist (Total Addressable Market) – und bewerten, wie wahrscheinlich das Unternehmen davon profitieren kann (Risikoanalyse). Sie eignet sich besonders, um schwer einschätzbare Unternehmen mit negativem Cashflow zu analysieren. Es ist mehr eine qualitative als eine quantitative Analyse, die man allerdings auch beliebig datenbasiert unterstützen kann.

TAM-Analyse

Wie groß ist der Markt, wenn alles perfekt läuft?

Schätze den gesamten potenziellen Markt (z. B. weltweiter Markt für Onkologie-Medikamente = $150 Mrd).

Identifiziere das realistische Zielsegment, z. B. spezifischer Krebsmarker, seltene Erkrankung.

Berechne den maximalen Umsatz, den das Unternehmen bei Erfolg erzielen könnte.

Beispiel:

Ein Biotech mit einem neuen Wirkstoff zur Behandlung von Lungenkrebs könnte langfristig einen Marktanteil von 5 % in einem $20-Mrd-Markt erreichen: das sind $1 Mrd Umsatzpotenzial.

Wie findest du diese Werte heraus? Überlege, welchen realistischen Marktanteil der Wirkstoff erreichen könnte (z. B. 5 %). Das ist eine Annahme, die du mit Experteninterviews, Wettbewerbsanalysen oder Vergleichsprodukten begründen kannst. Für die Marktgröße kannst du KI-Prompts benutzen.

Risikoanalyse

Wie wahrscheinlich ist es, dass das Unternehmen dieses Potenzial erreicht?

- **Technologisches Risiko:** Gelingt die Entwicklung? Wie hoch ist die Erfolgswahrscheinlichkeit (z. B. klinische Studien)?

- **Regulatorisches Risiko:** Wird das Produkt zugelassen?

- **Finanzierungsrisiko:** Reicht das Kapital, bis der Umsatz fließt?

- **Wettbewerbsrisiko:** Gibt es bereits dominierende Anbieter?

- **Skalierungsrisiko:** Kann es überhaupt schnell genug wachsen?

Beispielhafte Gewichtung:

Risikoart	Wahrscheinlichkeit
Klinische Zulassung	40%
Kommerzielle Einführung	80%
Wettbewerb verteidigen	60%
Skalierbarkeit	70%

Gesamterwartung:

$$\text{Erfolgschance} = 0{,}4 \cdot 0{,}8 \cdot 0{,}6 \cdot 0{,}7 = 13{,}4\%$$

Wert bei Erfolg (z. B. basierend auf einer DCF-Analyse mit $1 Mrd. Umsatzpotenzial oder einem Multiple-Vergleich mit erfolgreichen Unternehmen – angepasst an den geschätzten Marktanteil): ca. $3 Mrd.

$$\text{Erwartungswert} = \$3.000 \text{ Mio.} \cdot 13{,}4\% = \$402 \text{ Mio.}$$

Setze das in Relation zur aktuellen Marktkapitalisierung:

Marketcap = $250 Mio $\rightarrow$ Potenzial nach oben

Marketcap = $600 Mio $\rightarrow$ Überbewertet, wenn Annahmen korrekt

Asset Based Valuation

Asset Based Valuation – auf Deutsch: vermögensbasierte Bewertung – ist eine Methode, um den Wert eines Unternehmens zu bestimmen, indem man sich anschaut, was das Unternehmen besitzt und davon die Schulden abzieht. Diese Methode ist besonders anschaulich und funktioniert vor allem bei Unternehmen mit vielen greifbaren Gütern wie Immobilien, Maschinen oder Lagerbeständen.

$$\text{Net Asset Value (NAV)} = \text{Assets} - \text{Liabilities}$$

Du kannst die für eine Asset Based Valuation nötigen Informationen in der Regel aus öffentlich zugänglichen Quellen wie TradingView und Yahoo Finance beziehen. Schaue dazu einfach auf die Bilanz des Unternehmens: In der Firmenbilanz sind die Vermögenswerte (Assets) und Verbindlichkeiten (Liabilities) übersichtlich aufgeführt. Hat ein Unternehmen beispielsweise Gesamtvermögenswerte von 1.000 Mio. € und Gesamtverbindlichkeiten von 400 Mio. €, besitzt es einen Nettovermögenswert von 1.000 Mio. € − 400 Mio. € = 600 Mio. €.

$\rightarrow$ Um zu beurteilen, ob der aktuelle Aktienkurs unterbewertet ist, kannst du den Nettovermögenswert des Unternehmens und durch die

Anzahl der ausstehenden (von Investoren gehaltenen) Aktien teilen. Liegt der Kurs deutlich unter dem berechneten Wert pro Aktie, könnte die Aktie unterbewertet sein. Liegt er deutlich darüber, könnte sie überbewertet sein.

Sentiment-Analyse

Die Sentiment-Analyse ist die Analyse von Stimmungslagen im Markt. Ein positives Sentiment kann die Nachfrage nach bestimmten Assetklassen, Sektoren oder einer einzelnen Aktie erheblich steigern, oft weit über das hinaus, was fundamental gerechtfertigt ist. Umgekehrt führen negative Marktstimmungen häufig zu panikartigen Verkäufen und stark fallenden Kursen, selbst wenn die fundamentalen Daten eigentlich stabil sind.

Da Menschen dazu neigen, ungeduldig, emotional und reaktiv zu handeln, entstehen Phänomene, bei denen Erwartungen und Marktpreise sich gegenseitig verstärken. Dies führt zu irrationalen Übertreibungen. Doch selbst wenn eine Übertreibung erkannt wird, bedeutet das noch lange nicht, dass du sofort erfolgreich dagegen wetten kannst.

"The market can stay irrational longer than you can stay solvent."

— John Maynard Keynes

Mit anderen Worten: Es ist äußerst schwierig den Zeitpunkt vorherzusagen, ab wann sich der Preis wieder zurück zu einem fairen Wert normalisiert. Auch wenn fundamentale Bewertungsmethoden z.B. zeigen, dass ein Asset überbewertet ist, kann das Sentiment den Preis für lange Zeit auf hohem Niveau halten.

Ein interessantes Fallbeispiel ist der Fall von Herbalife und dem Hedgefonds-Manager Bill Ackman von Pershing Square Capital Management.

Im Jahr 2012 platzierte Bill Ackman eine milliardenschwere Short-Position gegen Herbalife, ein Unternehmen, das durch den Vertrieb von Nahrungsergänzungsmitteln und Proteinshakes bekannt ist. Ackman argumentierte, dass Herbalife ein illegales Pyramidensystem sei, dessen Geschäfts- und Umsatzmodell nicht nachhaltig seien. Der wahre Wert müsste also deutlich niedriger liegen als der Marktpreis.

Was Ackman jedoch unterschätzte, war die Macht des Marktsentiments. Während er versuchte, den Markt davon zu überzeugen, dass Herbalife überbewertet war, erregte er die Aufmerksamkeit anderer mächtiger Investoren wie Carl Icahn, der öffentlich gegen Ackman wettete, indem er große Long-Positionen in Herbalife aufbaute. Der öffentliche Streit zwischen Ackman und Icahn verstärkte den Medienhype, und statt zu fallen, stabilisierte sich der Kurs von Herbalife – teilweise sogar durch die Käufe von Tradern, die lediglich darauf wetteten, dass Ackmans Short-Position scheitern würde.

Das Beispiel zeigt, dass selbst wenn fundamentale Analysen auf Überbewertung hinweisen, das Marktverhalten oft irrational bleibt und der Kurs sich lange Zeit auf einem überbewerteten Niveau stabilisieren kann.

Letztendlich hatte Bill Ackman Recht: Der Aktienkurs fiel unter seinen Einstiegspreis von 2012. Doch die Irrationalität des Marktes ließ seine Wetten nicht solvent ausgehen. Er schloss seine Short-Position 2018.

Hedgefonds ziehen Sentiment-Daten aus Nachrichtenquellen wie Bloomberg, Reuters und Dow Jones sowie aus Social Media, um die Stimmung gegenüber Unternehmen oder anderen Märkten zu messen. Sie nutzen dabei automatisierte Analysen, die Millionen von Nachrichten und Beiträgen auswerten, um frühzeitig Trends und Stimmungsumschwünge zu erkennen. Diese Informationen helfen ihnen, die Marktstimmung besser einzuschätzen und entsprechend zu handeln. Wenn die allgemeine Meinung extrem optimistisch oder pessimistisch ist, können sie antizyklisch investieren und von Übertreibungen profitieren. Wenn das Sentiment gerade erst anfängt, optimistisch oder pessimistisch zu werden, könnten sie sich früh in diesem Trend positionieren.

Hier sind nützliche Sentiment Indikatoren, die auch Hedgefonds benutzen:

- **Coinmarketcap Fear & Greed Indikator:**
  https://coinmarketcap.com/charts/fear-and-greed-index

- **Euwax Sentiment DAX der Börse Stuttgart:**
  https://www.boerse-stuttgart.de/de-de/tools/euwax-sentiment

- **Economic Sentiment Indicator:** Suche nach diesem Indikator auf https://ec.europa.eu/eurostat

- **CNN Fear & Greed Indicator:**
  https://edition.cnn.com/markets/fear-and-greed

- **Put/Call Ratio:**
  Hohes Ratio (> 1): Viele sichern sich ab, Angst dominiert – oft ein Zeichen für Überverkauftheit und mögliche Bodenbildung.

  Niedriges Ratio (< 0,7): Viele spekulieren auf steigende Kurse, Gier dominiert – Warnsignal für Überhitzung.
  (https://www.cboe.com/us/options/market_statistics/daily)

- **AI-Tools:** ChatGPT, Perplexity, Grok – z.B. Frage Grok wie gerade über Trump Coin geredet wird.

Technische Analyse

Die sogenannte "technische" Analyse umfasst die Untersuchung von historischen Preisbewegungen, Volumen und anderen Indikatoren, welche letztendlich eine mathematische Verzerrung dieser sind.

Hedgefonds, die auf kurzfristige Bewegungen setzen, verwenden oft technische Analyse, um Ein- und Ausstiegspunkte zu bestimmen. Sie analysieren unter anderem Chartmuster.

Ein technischer Analyst erkennt in diesem Chart viele mögliche Muster, wie z.B. einen Ausbruch aus einem "symmetrischen Dreieck" links oder rechts: einen Ausbruch aus einem "Descending Triangle" mit "Double Bottom" als Basis.

→ Technische Patterns sind schwer objektiv zu quantifizieren. Viele dieser Muster liefern nach systematischem Backtesting – also dem Testen einer Handelsstrategie anhand historischer Marktdaten, um zu sehen, wie sie in der Vergangenheit funktioniert hätten – oft keine konsistenten Renditen. Der Grund ist die Subjektivität der Mustererkennung, denn was ein Trader als klar erkennbares Pattern interpretiert, kann für jemand anderen ein Zufallsrauschen sein.

Relative Stärke

Ein weiterer – von tausend technischen Indikatoren – ist der Relative Stärke Index RSI. Dieser Oszillator misst die Geschwindigkeit und Veränderung von Preisbewegungen, um zu bestimmen, ob ein Wertpapier potentiell überkauft oder überverkauft ist. Er wird häufig verwendet, um Trendwenden zu identifizieren und Risiken zu managen. Aber Vorsicht: Als alleinige Methode wird dieser Indikator auch oft Fehlsignale generieren, vor allem in trendigen Märkten.

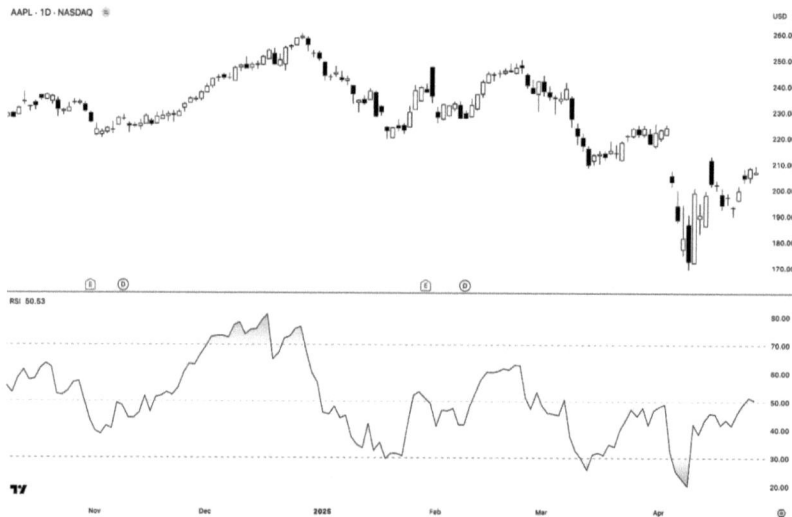

Im Beispiel AAPL zeigen überkaufte RSI(14)-Werte > 70 links im Tageschart eine potentielle Trendwende short an – rechts entsteht nach einem starken Abverkauf bei RSI-Wert < 30 eine potentielle Kaufmöglichkeit.

Kerzenchart

Der Kerzenchart in den Screenshots ist auch ein Indikator. Kerzen stammen ursprünglich aus Japan und wurden im 17. Jahrhundert von Händlern entwickelt, um Preisbewegungen von Reis und anderen Waren an der Dojima Reisbörse in Osaka zu analysieren.

Neben Liniencharts und anderen Darstellungsformen gehören Kerzencharts für professionelle Investoren und Hedgefonds häufig zum Standardrepertoire der Marktbeobachtung. Sie sind vor allem praktisch, da sie viele Informationen über Kursverläufe einfach darstellen.

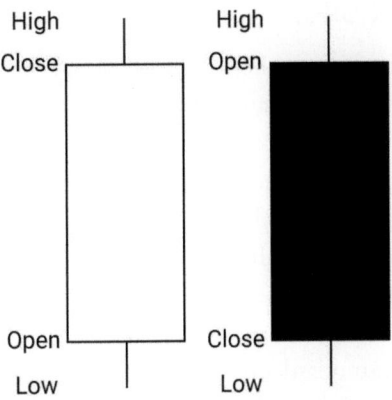

Eine Kerze zeigt den Eröffnungspreis (Open), das Maximum und Minimum (High, Low) sowie den Schlusskurs (Close) einer fixen Zeitspanne wie 10 Minuten oder 1 Tag. Man unterscheidet bei einer Kerze zwischen dem Körper, der den Hauptpreisbereich zeigt, und dem Docht, der die Extremwerte markiert.

Kerzen und mögliche Candlestick-Formationen können eine hilfreiche Unterstützung in Trading-Entscheidungen sein, vor allem auf größeren Zeiteinheiten wie Stunden, Tages- und Wochencharts.

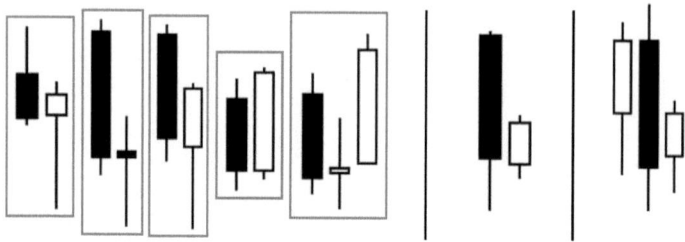

Candlestick-Formationen Long: Reversal Hammer, Hammer, 50 %-Umkehr, Engulfing, Morning/(Evening)-Star, Narrow Range Inside Bar, Stop-Out-Pattern

Overfitting-Risiko

Erfolge im Backtest entstehen häufig durch den Auswahleffekt (Selection Bias), bei dem Parameter unbewusst so angepasst werden, dass sie besonders gut zu den historischen Daten passen. Eine Strategie, die zwischen 2010 und 2020 gut funktionierte, könnte ab 2020 kläglich scheitern, weil sie nur zufällige Muster nachmodelliert hat. Das Coin-Toss-Experiment[4] von Michael Harris zeigt: Wer 10.000 zufällige Strategien testet, findet garantiert einige "Gewinner" – doch sie scheitern in der Realität, denn die Selection Bias verleitet dazu, zufällige Erfolge als Strategie zu missdeuten.

Viele Chartmuster zeigen keine bessere Trefferquote als ein Münzwurf. Eine Studie von AQR Capital Management[5] demonstrierte, dass "erfolgreiche" Momentum-Strategien auf frischen Daten oft katastrophal abschneiden.

---

[4] Harris, M. (2012). Fooled by Randomness, Over-fitting And Selection Bias. Price Action Lab Blog:
https://www.priceactionlab.com/Blog/2012/06/fooled-by-randomness-through-selection-bias

[5] AQR Capital Management (2014). The Case for Momentum Investing. White Paper:
https://www.aqr.com/-/media/AQR/Documents/Insights/White-Papers/The-Case-for-Momentum-Investing.pdf

Technische Patterns können in Einzelfällen funktionieren, aber ihre mechanische Anwendung ohne robuste Backtests inklusive Out-of-Sample-Daten und Monte-Carlo-Simulationen führt oft zu Enttäuschungen. Renaissance Technologies, einer der erfolgreichsten Hedgefonds der Welt, zeigt, wie es richtig geht: Das Unternehmen setzt konsequent auf datengetriebene, quantitative Modelle, die ständig weiterentwickelt und kritisch überprüft werden. Ein Team aus Naturwissenschaftlern und Mathematikern analysiert kontinuierlich riesige Datenmengen, testet Strategien systematisch unter verschiedensten Marktbedingungen und passt sie laufend an neue Gegebenheiten an.

Makroökonomische Analyse

Viele Hedgefonds, z.B. die Tudor Investment Corporation von Paul Tudor Jones, sind auf globale Makro-Trends spezialisiert. Sie analysieren umfassend weltwirtschaftliche Entwicklungen, geldpolitische Entscheidungen, politische Ereignisse und mehr, um daraus Anlagechancen und Risiken für verschiedene Assetklassen abzuleiten.

→ Charakteristisch für Tudor ist, dass neben fundamentalen Analysen auch technische Indikatoren wie der 200-Tage-Durchschnitt eingesetzt werden. Dieser dient nicht nur als Signal für einen rechtzeitigen Ausstieg zur Risikobegrenzung, sondern auch zur Trendbestimmung sowie als Einstiegssignal bei Trendwechseln.

Zu den wichtigsten Fundamental-Kennzahlen in der Makroanalyse zählen unter anderem Zinssätze, Inflationszahlen, Arbeitsmarktdaten, Sentiment-Daten, Staatsverschuldung, Bruttoinlandsprodukt und Handelsbilanz von Ländern, sowie Immobilienpreisentwicklung und das Money Supply M2.

Hilfsmittel für die Makroanalyse

Für geopolitisch relevante Rohstoffe wie z.B. Öl, Gas oder Weizen liefert eine Seite wie https://tradingeconomics.com übersichtlich zusammengestellte Nachrichten, die in einem makroökonomischen Kontext interpretiert werden können. Auch Länder können anhand der Inflationsrate, Bruttoinlandsprodukt (GDP) und Handelsbilanz (Balance of Trade) dort analysiert werden, um Währungspaare und regionale Aktienmärkte makroökonomisch einzuschätzen.

Aktuelle Daten sagen allerdings recht wenig aus, wenn sie nicht in den historischen Kontext gestellt werden. Historische Datenreihen für eine statistisch robuste Analyse sind zwar meist kostenlos, aber teils quer im Internet verstreut. Gute Quellen dafür sind:

- https://www.bea.gov: U.S. Bureau of Economic Analysis (BEA)
- https://www.bls.gov: U.S. Bureau of Labor Statistics (BLS)
- https://www.ons.gov.uk: Statistikamt von Großbritannien
- https://www.statcan.gc.ca: Statistikamt von Kanada
- https://ec.europa.eu/eurostat: Statistikamt der EU
- https://www.investing.com: Historische Preisdaten und Veröffentlichungen (CPI, NFP, Zinssatzänderungen, etc.)

Wenn du möglichst viele Daten gesammelt hast, kannst du mit Excel eine Korrelations-Intervallanalyse durchführen. Mit Hilfe von Konfidenzintervallen lässt sich abschätzen, in welchem Bereich ein zukünftiger Wert, etwa der Dax in Korrelation mit dem CPI in 3 bis 6 Monaten, mit einer bestimmten Wahrscheinlichkeit liegen wird. Das Verständnis der mathematischen Grundlagen, insbesondere von Konfidenzintervallen[6] und Kovarianzen[7], ist dabei hilfreich, um die korrekte Aussagewahrscheinlichkeit deiner Prognose zu treffen.

---

[6] https://de.wikipedia.org/wiki/Konfidenzintervall

[7] https://de.wikipedia.org/wiki/Kovarianz_(Stochastik)

Event-Driven Analyse

Hedgefonds verfolgen bestimmte Unternehmensereignisse wie Fusionen, Übernahmen, Restrukturierungen oder neue regulatorische Maßnahmen, die den Wert eines Unternehmens dramatisch beeinflussen können. Sie analysieren, wie diese Ereignisse am Markt eingepreist sind und suchen nach Handelsmöglichkeiten durch Arbitrage.

Ein konkretes Beispiel war die Übernahme von Twitter durch Elon Musk im Jahr 2022.

Elon Musk kündigte am 25. April 2022 die Übernahme von Twitter zu einem Preis von 54,20$ pro Aktie an, was einer Prämie von 37,9 % auf den damaligen Aktienkurs und einem Gesamtkaufpreis von 44 Milliarden USD entsprach.

Nach der Ankündigung notierte die Twitter-Aktie jedoch weiterhin deutlich unter dem Angebotspreis. Das lag daran, dass der Markt Unsicherheiten bezüglich des tatsächlichen Abschlusses der Übernahme einpreiste – z.B. regulatorische Hürden, möglicher Rückzug des Angebots oder Rechtsstreitigkeiten. Arbitrageure nutzten diese Preisdifferenz: Sie kauften Twitter-Aktien unterhalb des Angebotspreises in der Erwartung, dass die Übernahme, wie angekündigt, zu 54,20$ abgeschlossen wird. Der potentielle Gewinn entsprach der Differenz zwischen Kaufpreis und Übernahmepreis, abzüglich der Kosten.

Privatanleger können sich an folgenden Punkten orientieren, um Ideen für Investments rund um Fusionen, Übernahmen, Restrukturierungen oder regulatorische Veränderungen zu generieren:

- **Unternehmensnachrichten aktiv verfolgen:** Achten auf Ankündigungen zu Übernahmen, Fusionen, Restrukturierungen oder Insolvenzen. Solche Ereignisse werden oft in Finanzmedien wie Handelsblatt oder auf Unternehmenswebseiten bekanntgegeben.

- **Restrukturierungen beobachten:** Dazu zählen zum Beispiel geplante Abspaltungen, Aktienrückkäufe oder Indexänderungen. Auch diese führen oft zu Preisineffizienzen, die Chancen eröffnen. Webseiten wie https://www.ainvest.com oder https://www.insidearbitrage.com können dabei behilflich sein.

- **Regulatorische Entwicklungen im Blick behalten:** Neue Gesetze, Steuerreformen oder verschärfte Aufsichtsregeln können ganze Branchen beeinflussen. Wer diese Veränderungen früh erkennt, kann gezielt Unternehmen auswählen, die besonders davon betroffen sind.

Deep Dive

Eine einzelne Aktie besonders gut einzuschätzen – besser als die Konkurrenz – reicht schon, um Millionen umzusetzen. Hedgefonds setzen gerne auf einen fundamentalen Deep Dive: Sie analysieren die Finanzsituation eines Unternehmens im Detail und kombinieren dabei Bilanz, Gewinn- und Verlustrechnung sowie Cashflow-Analyse, um ein umfassendes Bild zu erhalten und investieren viel Zeit und Ressourcen, um die langfristige Perspektive eines Unternehmens zu verstehen, bevor sie eine Investition tätigen.

Dabei werden auch Management-Teams und Unternehmensstrategien untersucht. Analysten gehen dabei oft so weit, die Mimiken des CEOs in Interviews nach Lügen zu analysieren oder schauen sich Fabriken persönlich an. Außerdem nutzen Hedge Funds wie Citadel Web Scraper um Social Media, SEO Reports u.Ä. zu scannen und ihre Modelle damit zu füttern.

Mit Tools wie Finviz.com und TradingView sowie der Bereitschaft, einen Schritt tiefer in die Analyse zu gehen, kannst auch du einen fundierten Deep Dive in einer Aktie unternehmen, die du auf dem Schirm hast.

Beispielportfolio mit Shorts

Mit diesem Wissen ausgestattet ist es jetzt möglich, anspruchsvollere Portfolios zu erstellen. Die folgenden zwei Beispiel-Portfolios nutzen Long/Short Positionierungen und fundamentale Analysen.

Das Concentrated-Value-Plus-Portfolio

Aufwand: ★★★☆☆

Risiko: ★★★☆☆

Marktneutralität: ★★★☆☆

Beschreibung

Das Concentrated-Value-Plus-Portfolio investiert in eine Handvoll Unternehmen und ist somit kein breit diversifiziertes Portfolio. Es macht diese Tatsache aber wett, indem es mit wenig Kapitaleinsatz, Absicherungsgeschäfte und Short-Wetten eingeht, die sich asymmetrisch auszahlen können. Mit sinnvoller Fundamentalanalyse werden solide Firmen gefunden, deren Positionen je nach unter- oder überbewerteter Einschätzung dynamisch angepasst werden.

Dieses Portfolio ist angelehnt an Bill Ackmans Pershing Square, der sich als aktivistischer Investor einen Namen gemacht hat – so wie auch Warren Buffet in seinen frühen Tagen. Natürlich kann ein privater Investor keinen Einfluss auf das Management nehmen, jedoch kannst du die fundamental getriebene Suche nach unter- und überbewerteten Aktien dieser Investoren für dich übernehmen.

Der erstmalige Aufwand, die Analyse aufzustellen, ist groß, aber wenn du erstmal deine eigene Bewertungsgrundlage geschaffen hast, dann bist du mit einer einzigartigen Sichtweise auf den Aktienmarkt ausgestattet, die dir niemand wegnehmen kann.

Empfohlene Mindestvoraussetzung

Es ist empfohlen ein Startkapital von mindestens 30.000 € aufzuwenden, da das Minimum, meiner Meinung nach, 5 Aktienpositionen im Wert von 5.000 € sind, plus ein Cash-Puffer. Ein Broker, wie Interactive Brokers, der Aktien und Optionen in einem Account anbietet, ist am besten geeignet.

Alternativ kann dieses Portfolio allerdings auch mit einem Neobroker gehandelt werden – mit kleineren Positionen und Optionsscheinen anstatt richtigen Optionen.

Beispielhafte Zusammensetzung

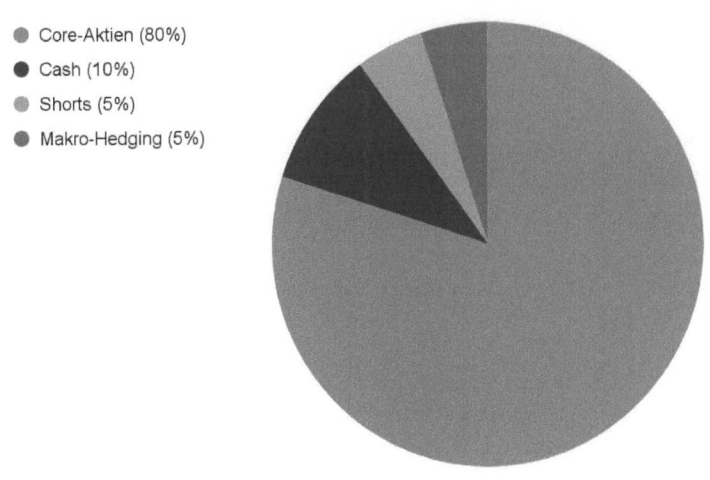

● Core-Aktien (80%)
● Cash (10%)
● Shorts (5%)
● Makro-Hedging (5%)

Segment	Ziel	Beispiele
Core-Aktien	Hochqualitative Unternehmen mit stabilem Cashflow, starker Marktstellung und guter Unternehmensführung.	Chipotle, Visa, Johnson & Johnson, Alphabet, Robinhood, Uber
Cash	Cash dient als Margin für Shorts oder Makro-Hedges und zum Nachkaufen von Core-Aktien. Der Cashbestand wird erhöht, wenn überbewertete Aktien verkauft werden.	
Shorts	Aufbau von OTM Puts oder Leerverkäufen gegen Firmen, die strukturell angeschlagene Geschäftsmodelle haben, in zurückgehenden Branchen operieren, unprofitable Technologie verkaufen (wollen) oder betrügerische Geschäftsmodelle haben.	Lucid Group, Beyond Meat, Nikola Motors, Enron, Chegg
Makro-Hedging	Wegen der großen Exposure auf wenige Aktien in einem bestimmten Sektor wird mit Tail-Risk-Puts abgesichert. Laufzeitbegrenzung: 12–24 Monate.	S&P 500 Puts, Nasdaq 100 Puts, ZN Future Calls/Puts

Management

Zuerst einmal geht es darum, die Core-Positionen aufzubauen. Wie findest du die richtigen Aktien dafür?

Beginne damit 1 oder 2 Aktien von den Big Players im Bereich Deep Value Investing zu kopieren – wie z.B. die von Ackman, der dafür bekannt ist sehr öffentlich über seine Investments zu sprechen und anderen im Feld: Terry Smith, Seth Klarman oder Mohnish Pabrai. Deren aktuelle Positionierungen findest du auf Webseiten wie Dataroma.com oder WhaleWisdom.com.

Pershing Square sucht nach Unternehmen, bei denen es einen erkennbaren Weg gibt, den wahren Wert des Unternehmens freizusetzen. Außerdem sollten die Firmen finanziell stabil und wirtschaftliche Widerstandsfähigkeit bewiesen haben und nicht übermäßig von Fremdkapital abhängig sein.

Ähnlich wie bei Warren Buffett beinhaltet die Strategie des Kaufens eine antizyklische Komponente. Es geht darum, "hochwertige Unternehmen zu attraktiven Preisen" zu erwerben und das ist genau dann der Fall, wenn schlechte Nachrichten ein gutes Unternehmen treffen, das basierend auf Asset Based Valuation und anderen Analysen einen höheren Zukunftswert gegenüber dem aktuellen Kurs, also der kurzfristigen Bewertung des Unternehmens, hat.

Die Gewichtung einzelner Positionen wird laufend angepasst. Veränderungen in der Portfolioallokation spiegeln die laufende Neubewertung der Qualität der Unternehmen wider. So werden Positionen erhöht, wenn das Bewertungsniveau attraktiver wird, oder reduziert, wenn sich die Bewertung verschlechtert. Diese Methodik soll dafür sorgen, dass nur Unternehmen mit hoher Qualität und attraktivem Chancen-Risiko-Profil im Portfolio verbleiben.

Analyse-Frequenz

- **Suchen nach neuen Aktien:** 2x pro Jahr nach Quartals- oder Jahreszahlen

- **Mini-Review für Neubewertungen:** Alle 3 Monate

- **Absicherung und mögliche Zukäufe/Verkäufe:** Monatlich

Screening

Hier ist ein Beispiel-Scan für Finviz.com, der hochwertige Unternehmen aus dem Russell 2000 Index filtert:

Basis:

- **Index:** Russell 2000
- **Market Cap:** + Mid (mehr als 2 Milliarden USD Marktkapitalisierung)
- **Price:** > 5$ (zur Vermeidung illiquider Aktien)

Fundamental:

- **Dividend Yield:** Over 1 %
- **Return on Equity (ROE):** > 10 %
- **Gross Margin:** > 30 %
- **Debt/Equity:** < 1
- **Current Ratio:** Over 1.5
- **Operating Margin:** > 10 %

Wachstum:

- **EPS Growth Next 5 Years:** > 5 %
- **Sales Growth Past 5 Years:** > 5 %
- **EPS Growth This Year:** Positive

Qualitätshinweise:

- **Institutional Ownership:** > 30 %
- **Insider Ownership:** > 1 %

Die herausgefilterten Aktien müssen weiteren Analysen unterzogen werden:

- Discounted Cashflow (DCF)
- Multiples-Analyse
- Asset Based Valuation

Bei den quartalsweisen Mini-Reviews musst du die gehaltenen Positionen neu bewerten. Wenn alle Unternehmen und Daten übersichtlich in einer Excel-Tabelle stehen, ist es leichter objektive Kriterien für die relative Bewertung der Aktien aufzustellen und zu vergleichen. Mit jedem Mini-Review wirst du fitter darin.

Shorts auf Fail-Companies setzen

Auf Finviz.com scannen nach:

Fundamental:

- **Debt/Equity:** > 1
- **EPS growth next 5 years:** < 0 %
- **Sales past 5 years:** < 0 %
- **Operating Margin:** < 0 %
- **Return on Equity:** < 0 %

Technische Analyse:

- **50-Day Simple Moving Average:** Price below SMA 50
- **Performance:** Year Down

Zusätzliche manuelle Checks nach dem Scan:

- **SEC-Filings:** Wurde eine Kapitalerhöhung angekündigt? Wandelanleihen?
- **Insider Transactions (ganz unten auf Finviz):** Verkaufen Insider aggressiv?
- **Short Float:** > 15 %? Dann: Squeeze-Risiko gegen Crowd-Bewertung auf Reddit und X abwägen. Der Herbalife-Short zeigte bereits, welche Risiken Leerverkäufe bergen – ebenso der bekannte Gamestop-Squeeze.

Versuche, Shorts nur bei absoluter Überzeugung und Übereinstimmung mit den Zielen des Segments "Short" aufzusetzen, wie oben beschrieben. Nicht mehr als 3 Positionen und natürlich mit begrenztem Risiko. Eine Laufzeit von 6–24 Monaten stellt sicher, dass nicht ewig auf eine falsche Idee gesetzt werden kann.

Makro-Hedges einsetzen

Wenn eine Überhitzung im Kreditzyklus droht oder Gewinne der Core-Positionen > 20 % im Jahr performen: Kaufe mit 2–5 % des Kontos OTM oder ATM-Puts auf einen Aktienindex mit 3–6 Monate Laufzeit. Risk-Reward muss asymmetrisch sein. Ein zusätzlicher Indikator neben dem Kreditzyklus ist die Analyse nach Heston-Modell: Gibt es zurzeit billige OTM-Puts? Ja? Dann ist das ein Zeichen, dass eine Absicherung sich lohnt, denn es macht am meisten Sinn sich abzusichern, bevor ein Crash passiert und nicht mittendrin.

Der Cash-Bestand

Der Cashbestand besteht als Puffer für Krisen und Crashes, als auch als Pulver für Nachkäufe oder neue Chancen. In Zeiten großer makroökonomischer Überhitzung kannst du den Cashbestandteil um 5–10 % durch Aktien-Teilverkäufe erhöhen, das sorgt neben den möglichen Makro-Hedges zusätzlich für Sicherheit.

Variationen

Es ist gar nicht so leicht, wirklich gute Preise für fundamental starke Aktien zu finden. Es ist daher möglich, erstmal nur zwei Positionen zu halten mit jeweils 20 %. Damit ist erstmal eine Basis geschaffen und es beginnt sowohl das Warten auf "Buy on bad news" – also in unterbewerteten Situationen –, als auch das Finden neuer Chancen. Mit Teilverkäufen kann für diese neuen Aktienpositionen nach und nach Platz geschaffen werden.

Eine einfachere Variante des Portfolios besteht darin, auf Hedges und Shorts oder eines der Beiden zu verzichten.

Portfoliotheorie

Die moderne Portfoliotheorie nach Markowitz beweist mathematisch, dass ein optimales Portfolio nicht von der Risikobereitschaft des Traders abhängt, sondern von der Effizienz der Risikostreuung[8].

Das heisst: Ein blindes Kaufen von hunderten Aktien würde dir keine echte Risikostreuung bringen, wenn diese Werte im Ernstfall alle ähnlich auf Marktereignisse reagieren. Entscheidend ist nicht die Anzahl der Positionen, sondern wie unterschiedlich sie sich tatsächlich im Portfolio verhalten.

Die historische und erwartete Volatilität von Einzelwerten und deinem ganzen Portfolio kann berechnet werden, sodass du jederzeit verstehen kannst, welchen Betrag du über einen bestimmten Zeitraum riskierst. Das ist essentiell, um deine Performance mit dem Risiko-Rendite-Profil des breiten Marktes zu vergleichen – insbesondere weil ein großer Teil der Fondsmanager diesen auf risikoadjustierter Basis nicht schlägt. Mithilfe der Portfoliotheorie lässt sich jedoch nachvollziehen, worauf es wirklich ankommt: nicht nur auf Rendite, sondern auf das Verhältnis von Rendite zu Risiko.

---

[8] Vgl. Harry M. Markowitz, "Portfolio Selection: Effiziente Diversifikation von Investitionen", Börsenmedien AG, 18. Juli 2008, S. 45–62

Value at Risk

Wenn man im Technologie-Index Nasdaq 100 den durchschnittlichen Gewinn von 0,04 % pro Tag der letzten 24 Jahre potenziert, ist der annualisierte Gewinn ca. 10,85 % pro Jahr. Aber wie hoch ist das Risiko?

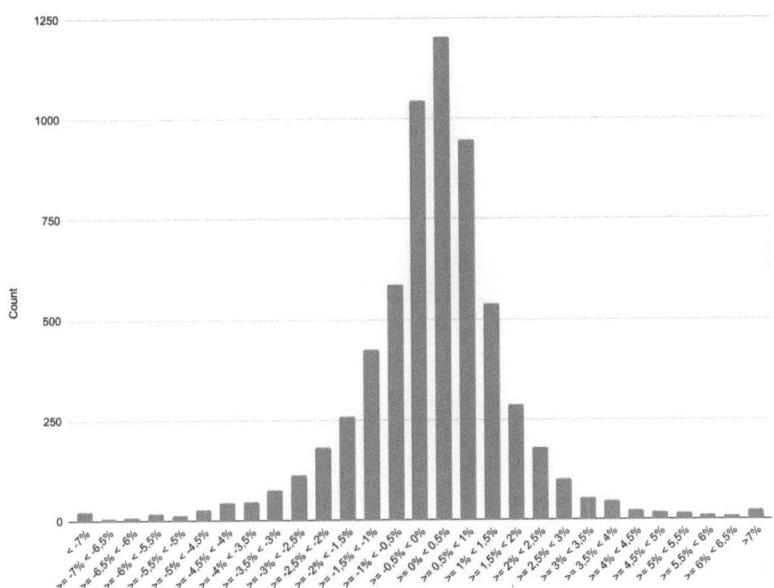

Ein Histogramm zeigt die Häufigkeitsverteilung der Nasdaq 100 Tagesperformance in 0,5 %-Intervallen von < −7 % bis > 7 % im Zeitraum Anfang 2000 bis April 2025.

Der Value at Risk VaR gibt an, wie hoch der maximale Verlust einer Position oder eines Portfolios mit einer bestimmten Wahrscheinlichkeit innerhalb eines bestimmten Zeitraums sein kann.

158

Die folgende Formel für den VaR basiert auf der Varianz-Kovarianz-Methode. Diese Methode basiert auf der Annahme, dass die Renditen normalverteilt, ungefähr wie im Histogramm zu sehen, sind und verwendet die Standardabweichung der Renditen σ_T sowie das gewünschte Konfidenzniveau z.

$$\text{VaR} = z \cdot \sigma_T \cdot \sqrt{T} \cdot I$$

- z ist der sogenannte Z-Wert für das gewählte Konfidenzniveau (1,65 für 95 % und 2,33 für 99 %).

- σ_T ist die tägliche Standardabweichung (1,74 % für den Nasdaq 100).

- $\sqrt{T}$ ist die Wurzel der Anzahl der Handelstage, weil Schwankungen mit der Wurzel der Zeit wachsen.

- I ist der Investitionsbetrag.

Wenn du z.B. den Nasdaq 100-ETF im Wert von 10.000 € 1 Jahr lang hältst ergibt sich folgendes Risiko:

$$1{,}645 \cdot 0{,}0174 \cdot \sqrt{250} \cdot 10.000 \,€ = 4.525{,}69 \,€$$

Es besteht ein 5 %-Risiko, dass der Nasdaq 100 in einem 1-Jahres-Zeitraum einen ungefähr 45 % großen Rückgang erleiden wird. Hierbei sind Daten von Krisen wie der Dotcom-Blase und der 2008-Finanzkrise mit inbegriffen, d.h. dieser VaR erwartet jedes Jahr einen möglichen Crash.

Ein Investment oder ein Trade lohnt sich generell erst, wenn das Risk-Reward, also das Verhältnis VaR gegenüber dem Gewinn stimmig ist. Bei einem durchschnittlichen Gewinn von 10,85 % pro Jahr ergibt sich potenziert erst nach 4 Jahren eine 50 %-Rendite, womit etwas mehr als der über das Jahr offene VaR erreicht ist. Nach 6 Jahren entsteht aufgrund Zinseszinseffekt ein Gewinn von ca. 85 %. Das ist doppelt so hoch wie der 45 % VaR und lässt ein positives 1:2 Risk-Reward entstehen. Wenn dieser Punkt erreicht ist, lohnt sich das Investment gegenüber dem Risiko deutlich.

Alle Investments sollten mit diesem Hintergedanken für eine optimale potentielle Gewinnentwicklung im Portfolio eingegangen werden. Es bringt nichts ein offenes Risiko von 45 %, wie in diesem Fall, einzugehen und dann nach 1 Jahr mit −10 % zu vorzeitig wieder rauszugehen.

VaR im Portfolio-Kontext

Wenn du mehrere Positionen hältst, wird der VaR nicht einfach addiert, sondern berücksichtigt sowohl Korrelationen, als auch Gewichtungen zwischen den einzelnen Positionen.

Für die Portfolio-VaR muss das Konfidenzniveau z mit der Quadratwurzel der Portfoliovarianz σ_P^2 multipliziert werden:

$$\sigma_P^2 = \sum_{i=1}^{n} \sum_{j=1}^{n} \omega_i \omega_j \rho_{ij} \sigma_i \sigma_j$$

$$\mathrm{VaR}_P = z \cdot \sqrt{\sigma_P^2}$$

- ω_i ist das "Gewicht" der Position i (positiv für Long, negativ für Short – optional: multipliziert mit Hebel)

- σ_i ist die Volatilität der Position i ausgedrückt in täglicher Standardabweichung oder VaR

- ρ_{ij} ist die Korrelation zwischen Position i und j

Beispiel mit 3 Positionen Long und Short

Position	ω	σ	ρ_A	ρ_B	ρ_C
A	0,4	2 %	1	0,2 %	0,1 %
B	−0,3	1,5 %		1	−0,3 %
C	0,3	1,2 %			1

Nach Aufstellung dieser Tabelle lässt sich der Portfolio-VaR in 3 Schritten berechnen.

Schritt 1: Erstelle die Kovarianzmatrix

Die Varianzen (Volatilität²):

$$A : 0{,}02^2 = 0{,}004$$
$$B : 0{,}015^2 = 0{,}000225$$
$$C : 0{,}012^2 = 0{,}000144$$

Alle Positionen eingesetzt in die Kovarianzmatrix Σ:

$$\Sigma = \begin{bmatrix} 0{,}0004 & 0{,}002 & 0{,}001 \\ 0{,}002 & 0{,}000225 & -0{,}003 \\ 0{,}001 & -0{,}003 & 0{,}000144 \end{bmatrix}$$

Diagonale Werte sind die Varianzen, die anderen sind die gegebenen Kovarianzen.

Schritt 2: Gewichtsvektor multiplizieren

Der Gewichtsvektor, bestehend aus den Gewichtungen ist:

$$\omega = \begin{bmatrix} 0,4 \\ -0,3 \\ 0,3 \end{bmatrix}$$

Jetzt ist es möglich die Portfolio-Varianz unter Vewendung des transponierten Gewichtsvektors $\omega^\top$ multipliziert mit $\Sigma\omega$ zu berechnen:

$$\sigma_P^2 = \omega^\top \Sigma \omega$$

Eingesetzt:

$$\sigma_P^2 = (0,4)^2 \cdot 0,0004 + (-0,3)^2 \cdot 0,000225 + (0,3)^2$$
$$\cdot\, 0,000144 + 2 \cdot 0,4 \cdot (-0,3) \cdot 0,002 + 2 \cdot 0,4 \cdot 0,3$$
$$\cdot\, 0,001 + 2 \cdot (-0,3) \cdot 0,3 \cdot (-0,003)$$
$$= 0,000064 + 0,00002025 + 0,00001296 - 0,00048$$
$$+ 0,00024 + 0,00054 = 0,00039721$$

Schritt 3: Portfolio-Volatilität und VaR berechnen

$$\sigma_P = \sqrt{0,00039721} \approx 0,0199 = 1,99\%$$

$$\text{VaR}_{95\%} = 1,65 \cdot 0,0199 = 0,03272 \approx 3,27\%$$

Für einen Tag beträgt das Portfolio-VaR also 3,27 %. Das kann mit der Quadratwurzel der Handelstage auch für einen längeren Zeitraum berechnet werden.

$$\text{VaR}_{95\%,6\ \text{Monate}} = 3,27\% \cdot \sqrt{6 \cdot 20} \approx 35,84\%$$

$$\text{VaR}_{95\%,1\ \text{Jahr}} = 3,27\% \cdot \sqrt{12 \cdot 20} \approx 50,67\%$$

Ist das ein hohes Risiko? Für einzelne Aktien oder aggressive Portfolios ist es nicht ungewöhnlich, vielleicht sogar gering – für ein gut diversifiziertes Portfolio aber relativ hoch.

Zum Vergleich:

Portfolio	Beschreibung	Daily VaR$_{95\%}$	Yearly VaR$_{95\%}$
S&P 500	Diversifiziert mäßiges Risiko	≈ 1,0–1,5 %	≈ 15,81–23,72 %
Nasdaq 100	Wachstumswerte, tech-lastig = mittelmäßiges Risiko	≈ 1,5–2,5 %	≈ 23,72–39,53 %
Das Beispiel-ABC-Portfolio	3 Werte Long/Short = hohes Risiko	≈ 3,3 %	≈ 52,2 %

Portfolio Risikomanagement

Das VaR unter Kontrolle zu bekommen bedeutet, alle offenen Positionen regelmäßig zu überprüfen.

Ein guter Risikomanager wählt das Risiko seines Portfolios bewusst und orientiert sich dabei beispielsweise am Risiko des S&P 500 oder entscheidet sich für ein höheres Value at Risk – bis zu 30 % pro Jahr. Werte oberhalb dieser Schwelle sind kritisch, da Verluste ab diesem Punkt mathematisch schwerer auszugleichen sind und sollten, wenn sie auftreten, der absolute Extremfall sein.

Die moderne Portfoliotheorie nach Markowitz zeigt, dass sich das Gesamtrisiko eines Portfolios durch Diversifikation und die gezielte Auswahl von Assets mit möglichst niedriger oder negativer Korrelation reduzieren lässt.

Dabei sollte aber trotzdem bedacht werden, dass Korrelationen nicht konstant, sondern dynamisch sind. Die klassische Portfoliotheorie kann das Risiko extremer Marktphasen unterschätzen, deshalb ist der Einsatz verschiedener Diversifikatoren so wichtig.

Was kannst du tun, um das Risiko zu senken? Es gibt 6 Möglichkeiten, welche sich durch das Verständnis von Diversifikatoren ergeben:

- **Diversifikation verbessern:** Streue auf mehr unkorrelierte Assets (z. B. verschiedene Branchen, Regionen oder Assetklassen wie Anleihen, Rohstoffe) und Strategien.

- **Volatilität der Einzeltitel senken:** Weniger volatile Werte wählen oder Positionen mit hoher Volatilität reduzieren.

- **Gewichtungen anpassen:** Reduzierte Gewichtung risikoreicher Positionen oder stärkere defensive Werte reinnehmen (Risk-off Assets wie Gold oder Aktien mit Markttreiber: essentielle Güter).

- **Korrelationen beachten:** Suche nach Anlagen mit negativer oder niedriger Korrelation, nicht einfach nur viele Positionen halten.

- **Absicherungen einbauen:** Put-Optionen, Gold-Longs oder VIX-Longs kaufen.

- **Positionsgröße verringern:** Geringerer Kapitaleinsatz reduziert den VaR.

Gewichtung mit Hebel

Am Rande habe ich den Hebel-Multiplikator erwähnt und wie er sich auf die Portfolio-VaR auswirkt.

Normalerweise gilt:

$$\Sigma\omega_i = 1$$

Das bedeutet, dass du 100 % deines Kapitals, verteilt auf verschiedene Positionen investierst. Mit Hebel kann allerdings die Gewichtungssumme > 1 sein. Das ist in einem gehebelten Portfolio auch normal. Mathematisch gesehen bedeutet eine Gewichtssumme von 1,2 beispielsweise, dass du Fremdkapital einsetzt und bei 120 % Investitionsvolumen stehst.

Wenn ω größer wird, z.B. durch Hebel oder auch durch ein kurzfristiges Ansteigen der Korrelationen durch Extrem-Volatilität wie bei einem seltenen Black-Swan Event (Naturkatastrophe, Crashs, etc.), dann wächst auch dein VaR überproportional um einen Faktor k.

$$\omega' = k \cdot \omega$$

Die Varianz skaliert mit dem Quadrat des Hebels – das wird in der Portfoliovarianz mit k deutlich:

$$\sigma^2_{P,\text{neu}} = (k \cdot \omega)^\top \Sigma (k \cdot \omega) = k^2 \cdot \omega^\top \Sigma \omega = k^2 \cdot \sigma^2_P$$

Hebel vergrößert nicht nur deine Positionsgröße, sondern potenziert das Risiko. Selbst ein "moderater" 3-facher Hebel verdreifacht nicht nur dein Risiko – das Verlustrisiko wird massiv größer.

$\rightarrow$ Im Angesicht der Gefahr von Black-Swan Events wird mit den Gleichungen klar, wie schnell der Value At Risk mit zusätzlicher Hebelwirkung in die Höhe katapultiert werden kann. Deshalb: Hebel immer dezent einsetzen. Ein Hedgefonds würde niemals 100 % seines Kapitals mit einem 3er- oder gar 10er-Hebel riskieren – in der Praxis liegt der durchschnittliche Leverage bei Hedgefonds meist nur bei etwa dem 1,5- bis 2,5-fachen des Eigenkapitals. Wer das gesamte Portfolio mit hohem Hebel einsetzt, riskiert einen Totalverlust, was professionelle Fonds strikt vermeiden.

Volatilität für kurzfristige Haltezeiten

Bisher wurde die Standardabweichung anhand von mehr als 20 Jahren Daten zusammengerechnet. Das ist sinnvoll, um das Risiko von Positionen mit einer Haltezeit von einem Jahr oder länger zu bewerten. Hältst du Positionen jedoch nur kurzfristig, verliert die langfristige historische Volatilität an Aussagekraft.

Gerade bei Optionen, die bis zu einem Verfallstag in der nahen Zukunft laufen, ist es sinnvoller, die implizite Volatilität von kurzlaufenden Optionen als Berechnung zu verwenden.

Wenn du z.B. die erwartete Volatilität für nächste Woche abschätzen willst, macht es Sinn, eine ATM Option mit einer Restlaufzeit von 7–10 Tagen heranzuziehen.

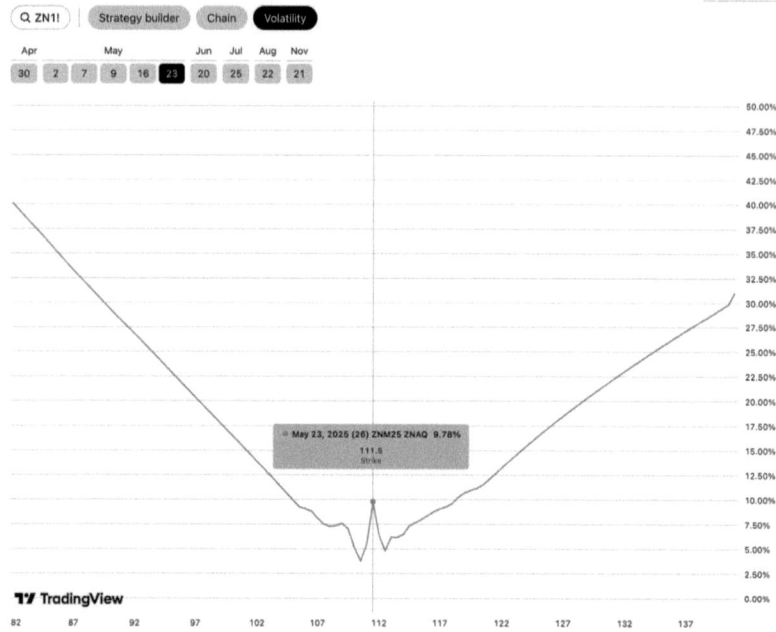

Die oben abgebildete May 23, 2025 (26) ZNM25 ZNAQ Option auf den Treasury Future ZN hat eine IV von 9,78 % am 111,5 ATM Strike Preis und zeigt damit eine sinnvolle Volatilitätserwartung für einen 1-Monats-Zeitraum mit 26 Tagen bis zum Verfall an.

Für die erwartete Volatilitätspanne im oben abgebildeten Screenshot ergibt sich eine Volatilität:

$$\sigma_{1\ \text{Monat}} = 9{,}78\% \cdot \sqrt{\frac{20}{250}} \approx 2{,}77\%$$

Du kannst Standardabweichung und VaR direkt vergleichen, indem du den Zusammenhang für normalverteilte Renditen nutzt. Beim 95%-Konfidenzniveau entspricht der VaR etwa dem 1,64-fachen der Standardabweichung. Das heißt:

$$\text{VaR}_{95\%} = 1{,}64 \cdot \sigma$$

Filtered Historical Simulation

Eine der modernsten und in der Praxis von Hedgefonds und Banken weit verbreiteten Methoden zur Value-at-Risk-Berechnung ist die Filtered Historical Simulation (FHS). Sie kombiniert die Vorteile der historischen Simulation mit einer dynamischen Anpassung an die aktuelle Marktsituation und ist besonders gut geeignet, um mit schwankender Volatilität und plötzlichen Kurssprüngen (Gaps) umzugehen – so ähnlich wie das Heston-Modell und dessen Variationen das Black-Scholes-Modell erweitern.

Zuerst wird für jeden Tag die historische Volatilität geschätzt, häufig mit Modellen wie GARCH oder durch gleitende Standardabweichung.

→ Die gleitende Standardabweichung kannst du einfach in Google Sheets oder mit kostenlosen Tools wie Yahoo Finance berechnen und anzeigen lassen. GARCH-Analysen bieten viele professionelle Trading-Plattformen und Analyse-Tools (z.B. Bloomberg, MetaTrader mit Add-ons, Python-Pakete wie "arch" oder "statsmodels"). Es gibt darüber auch einige kostenlose Tutorials und Open-Source-Software – GARCH ist etwas komplexer als die gleitende Standardabweichung.

Eine HFS Simulation besteht aus Devolatilisierung und Revolatilisierung.

Devolatilisierung:

Die historischen Renditen werden durch die damalige Volatilität geteilt, um sogenannte standardisierte Residuen zu erhalten.

$$r_t^* = \frac{r_t}{\sigma_t}$$

- r_t: historische Rendite am Tag t
- σ_t: geschätzte Volatilität am Tag t

Revolatilisierung:

Diese Residuen werden dann mit der tagesaktuellen Volatilität multipliziert, um sie an das aktuelle Marktrisiko anzupassen:

$$r_t^{\text{FHS}} = r_t^* \cdot \sigma_{\text{aktuell}}$$

VaR-Bestimmung:

Die so transformierten Renditen werden wie bei der klassischen historischen Simulation sortiert. Der VaR ergibt sich aus dem entsprechenden Quantil (z. B. das 5%-Quantil für 95%-VaR).

Beispiel:

Angenommen, du hast 100 Tage historische Renditen und berechnest für jeden Tag die Volatilität.

Heute beträgt die geschätzte Volatilität 2 %.

Am Tag n in der Vergangenheit lag die Volatilität bei 1 %, und die Rendite an diesem Tag war −1,5 %.

Schritt 1 (Devolatilisierte Rendite):

$$r^* = \frac{-1,5\%}{1\%} = -1,5$$

Schritt 2 (Revolatilisierte Rendite):

$$r^{\text{FHS}} = -1,5 \cdot 2\% = -3\%$$

Das heißt: In der aktuellen, volatileren Marktsituation würde ein Ereignis wie damals heute einen Verlust von 3 % bedeuten.

	Historische Simulation	Filtered Historical Simulation (FHS)
Umgang mit Volatilität & Gaps	Vergangene Renditen werden 1:1 übernommen, ohne Anpassung an aktuelle Volatilität oder Gaps	Vergangene Renditen werden an die aktuelle Volatilität angepasst, Gaps werden realistischer abgebildet
Reaktion auf Marktveränderungen	Keine dynamische Anpassung, reagiert nicht auf Volatilitätsänderungen	Vergangene Renditen werden an die aktuelle Volatilität angepasst, Gaps werden realistischer abgebildet
Risikoabbildung in turbulenten Phasen	Risiko wird oft unterschätzt, da extreme Bewegungen nicht ausreichend berücksichtigt werden	Risiko wird besser erfasst, sowohl in ruhigen als auch in turbulenten Phasen
Einsatz bei Institutionen und Hedgefonds	Wird meist nur als Basis-Check genutzt	Weit verbreitet und Standard bei Hedgefonds und Clearinghäusern

Portfolio-VaR mit FHS

Bei FHS werden die Renditen aller Einzelpositionen zunächst durch die jeweilige historische Volatilität geteilt, dann mit der aktuellen oder impliziten Volatilität multipliziert und schließlich zu simulierten Renditepfaden für jede Position zusammengesetzt.

Für das Portfolio werden diese simulierten Einzelrenditen entsprechend der Portfoliogewichtung aggregiert, um simulierte Portfolio-Renditen zu erhalten. Das Vorgehen ist analog zur klassischen historischen Simulation, nur dass die Renditen vorher durch das FHS-Verfahren angepasst wurden.

Die Varianz der simulierten FHS-Portfolio-Renditen entspricht der empirischen Varianz dieser simulierten Zeitreihe:

$$\text{Varianz}_{\text{Portfolio,FHS}} = \frac{1}{N-1} \sum_{i=1}^{N} (R_{\text{Port,i}}^{\text{FHS}} - \overline{R_{Port}^{FHS}})^2$$

Sortiere die simulierten FHS-Portfolio-Renditen und dann wähle das gewünschte Quantil (z.B. das 5%-Quantil für 95%-VaR).

Der VaR entspricht dem Wert, unter dem die schlechtesten $5\,\%$ der simulierten Renditen liegen:

$$\text{VaR}_{95\%,\text{FHS}} = \text{Perzentil}_{5\%}(R_{\text{Port}}^{\text{FHS}})$$

Beispielportfolio Global Macro

Im folgenden Portfolio wird es sehr wichtig den VaR zu kontrollieren, weil mehrere Positionen mit und ohne Hebel kombiniert werden. Eine regelmäßige Überprüfung des VaR ist entscheidend, da sich durch die Vielzahl und Verschiedenartigkeit der Positionen das Gesamtrisiko des Portfolios dynamisch verändert – insbesondere bei Eröffnung kurzfristiger Wetten. Nur durch die kontinuierliche Kontrolle des maximalen potentiellen VaR lässt sich sicherstellen, dass das Portfolio nicht unbewusst ein zu hohes Verlustrisiko aufbaut und dementsprechend rechtzeitig Gegenmaßnahmen ergriffen werden können.

Das Global-Macro-Portfolio

Aufwand: ★★★☆☆

Risiko: ★★★★☆

Marktneutralität: ★★★☆☆

Beschreibung

Das Global-Macro-Portfolio orientiert sich am Investmentstil von George Soros. Es deckt nicht nur Aktien, sondern auch verschiedene Assetklassen wie Anleihen, Rohstoffe und Währungen ab, die mithilfe von Futures und Optionen long/short gehandelt werden können.

George Soros ist kein klassischer Value-Investor, sondern ein makroökonomisch orientierter Spekulant, der davon überzeugt ist, dass Märkte nicht effizient sind, sondern häufig irrational und reflexiv sind.

Reflexivität, was bedeutet das? In "Die Alchemie der Finanzen"[9] beschreibt Soros, wie Erwartungen und Realität sich gegenseitig verstärken können, z.B. wenn steigende Kurse Erwartungen verbessern, was wiederum mehr Investitionen anzieht und die Kurse weiter steigen lässt – bis der Zyklus kippt.

Beispielhafte Zusammensetzung

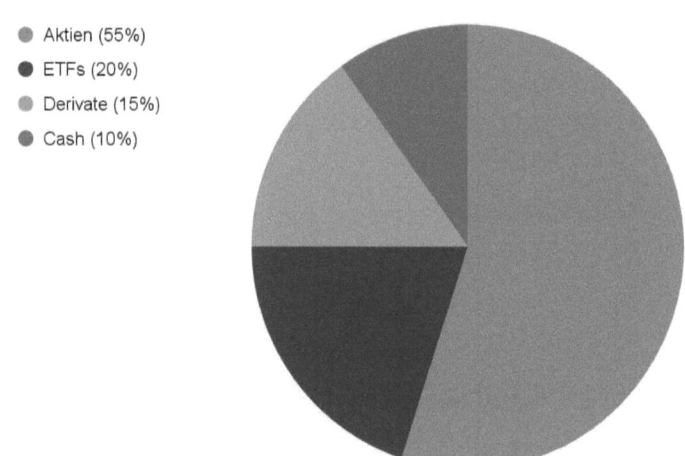

- Aktien (55%)
- ETFs (20%)
- Derivate (15%)
- Cash (10%)

Zuerst ein Hinweis zur Gewichtung der Segmente: Soros ist und war kein starrer "Rebalancer". Wenn er eine große Überzeugung hatte, konnte ein Segment auch kurzfristig 30 % des Portfolios ausmachen. Der Schlüssel ist, Ideen mit einem asymmetrischen Risiko-Ertragsprofil groß auszuspielen – aber nur, wenn Reflexivität, Fundamentaldaten und Sentiment zusammenkommen.

[9] Die Alchemie der Finanzen: Wie man die Gedanken des Marktes liest" (George Soros, Börsenmedien AG, 26. Februar 2007)

Segment	Beschreibung	Beispiel-Trades
Aktien	Qualitätsaktien mit Fokus auf widerstandsfähige Marktführer. Auch hier: Reflexive Überlegungen – nicht nur fundamentale Stärke zählt, sondern ob Marktteilnehmer diese Stärke zunehmend wahrnehmen und dadurch eine Aufwärtsdynamik auslösen.	**Immobilien-, Bank-, Technologie-Aktien o.A.:** Je nachdem ob ein Katalysator wie Politik oder Marktstimmung diese Aktien befeuert. **Microsoft Long:** Profitieren von wahrgenommener technologischer Marktführerschaft in Artificial Intelligence.
ETFs als Makro-Trades	Spekulationen auf große wirtschaftliche Trends wie Zinsänderungen, geopolitische Verschiebungen oder andere makro-ökonomische Bewegungen.	**Gold ETF:** Inflationssorge. **Geldmarkt-ETF:** Wetten auf steigende Zinsen. **Long Brasilien ETF:** Wetten auf ein Erholungspotential in Rohstoffen und Emerging Markets.

| Derivate als Makro-Trades | Übertriebene Marktverzerrungen ausnutzen: Marktblasen oder Panikverkäufe, bei denen Reflexivität die Märkte übertreibt. | **Short US Housing Market 2007:** John Paulson wettete auf den Wertverfall von hypothekenbesicherten Wertpapieren (Mortgage-Backed Securities), weil er die Reflexivität der Immobilienblase erkannte. **Long S&P 500 während der Finanzkrise 2008:** Opportunistisch, da der Markt zu stark gefallen war (negative Reflexivität). |
| Derivate auf Aktien und Rohstoffe | Optionen oder Futures, um asymmetrische Gewinne zu erzielen. Der Einsatz von Hebel wirkt hier stark, um auf spezifische Marktbewegungen zu reagieren. | **Puts auf Lehman Brothers (2008):** Hedgefonds nutzten Optionen, um von der Insolvenz von Lehman Brothers zu profitieren. **Short Öl-Future:** Um von einem Preisschock durch geopolitische Spannungen zu profitieren. |

Derivate auf Währungen	Währungsspekulation, um vom Wirtschaftswachstum eines Landes und Inflations- oder Deflationsmaßnahmen einer Zentralbank zu profitieren.	**Short Yen 2013/2014:** Zu dieser Zeit setzte Sorosauf einen fallenden Yen, da er erwartete, dass die expansive Geldpolitik der Bank of Japan die Währung schwächen würde. **Long Brasilianischer Real:** Auf stabiles Wirtschaftswachstum, attraktive Zinsen und eine geldpolitisch restriktive Notenbank in Brasilien setzen.
Cash	Cash als Reserve für Opportunitäten oder zur Absicherung gegen Unsicherheit im Markt.	**Cash halten:** Während Märkte unklar sind. **3-Jährige Staatsanleihen:** Alternative zu Cash, um bei Unsicherheit auf neue Investmentmöglichkeiten zu warten.

Management

Um dieses Portfolio zu handeln, brauchst du einen nicht-dogmatischen Blick auf die Welt. Du musst verstehen, dass Märkte keine Maschinen sind, die auf Knopfdruck mit festen Regeln reagieren, sondern lebendige, von Menschen geschaffene Systeme voller Unsicherheit, Emotionen und Reflexivität sind.

Wichtige Prinzipien für das Management:

- **Hypothesen testen:** Nutze eine kleine Position um das Risiko anfangs klein zu halten, z.B. erstmal 1–2 % VaR und schrittweise Erhöhung auf 3–5 % wenn sich deine Annahme bestätigt.

- **Dynamische Anpassung:** Sei bereit, Positionen zu schließen, wenn sich die Faktenlage ändert.

- **Asymmetrische Chancen:** Alle Chancen müssen ein potentiell asymmetrisches Auszahlungsprofil vorweisen.

- **Risikolimits:** Vor dem Eingehen neuer Positionen wird festgelegt, wie hoch der maximal akzeptable Value at Risk in einem Zeitraum, typischerweise 1 Monat, sein darf. Zum Beispiel könnte ein 1-monatiger 3 %VaR für eine Idee im Segment "Derivate auf Aktien und Rohstoffe" festgesetzt werden, mit Überlegung auf 5 % mit bei größerer Überzeugung aufzustocken.

- **Bereit sein, die Hypothese aufzugeben:** Halte deine Hypothesen laufend im Blick: Gibt es neue Daten, die deine Hypothese bestätigen oder widerlegen? Wird das Narrativ stärker oder bröckelt es? Ja? Passe die Positionen an. Soros ist bekannt dafür, aggressiv zu handeln, wenn seine These greift, aber schnell umzuschwenken, wenn sie kippt.

Analyse-Frequenz

- **Monatlich:** Überprüfung von makroökonomischen Daten und Marktanalysen.
- **Quartalsweise:** Anpassung der Positionen basierend auf langfristigen Trends und Prognosen.

Analyse und Anpassung

Die Positionen in Soros Fund Management sind nicht vollständig öffentlich zugänglich. Du musst also deine eigene Sicht auf den Markt entwickeln.

Bei der Analyse geht es darum, eine Handvoll an Hypothesen jedes Quartal aufzustellen und dann die 1–2 besten Ideen umzusetzen. Das reicht vollkommen aus. Der Grundsatz einer Hypothese ist immer: Welche wirtschaftliche Entwicklung wird falsch eingeschätzt oder unterschätzt?

ETF und Aktienideen generieren

Für Aktienideen helfen diese Analysetools:

Politische Nachrichten

Verfolge offizielle Ankündigungen, z.B. auf https://www.bundesregierung.de oder https://www.whitehouse.gov zu Themen wie Handelspolitik, Subventionen oder Regulierung.

Beispiel für eine erste Hypothese mit Reflexivität:

"Trumps Strafzölle 2025 machen Export teuer → exportlastige Sektoren wie Automobil oder Maschinenbau werden benachteiligt für die kommenden Quartale → Nachrichten darüber werden veröffentlicht → Aktien im Automobilsektor werden verkauft."

Generelle Nachrichten

Nutze Tools wie Google News mit Suche nach Schlagworten wie "Handelszölle", "Klimapolitik" oder "Sanktionen", um frühzeitig politische oder regulatorische Impulse zu erkennen.

ETF-Performance

Vergleiche Sektor-ETFs vor/nach politischen Ereignissen. Der ETF "iShares Global Clean Energy" zum Beispiel stieg nach EU-Klimasubventionen. Diese Muster können sich in der Zukunft bei ähnlichen politischen Entscheidungen wiederholen.

Social Media Gossip

Subreddits wie https://www.reddit.com/r/wallstreetbets signalisieren oft Hype um Subjekte wie Einzelaktien oder politische Themen. Außerdem kannst du mit verfügbaren AI-Tools Social Media Keyword Analyse betreiben.

Firmenaussagen prüfen

Du kannst dir CEO-Kommentare in Webcasts anhören und Press-Releases von Firmen lesen, die von Politik o.Ä. betroffen sind. Wie schätzen diese ihre eigene Lage ein relativ zu politischen Ereignissen? Positive oder negative Keywords?

Beispielhafte Handelsideen für ETFs:

Politische Entscheidung	Begünstigte Sektoren	Belastete Sektoren
Klimasubventionen	Erneuerbare Energien, Wasserstoff	Fossile Energien

| Handelszölle | Lokale Produzenten (z.B. Stahl) | Exportorientierte Unternehmen |
| Sanktionen | Substitute (z.B. K+S Ag bei Düngemittel-Sanktionen) | Betroffene Exporteure |

Beispielhafte Handelsideen Aktien:

Ereignis	**Aktion**
US-Strafzölle auf EU-Importe	OTM-Puts auf auf Automobil (Volkswagen, BMW) und Luxusgüter (Louis Vuitton SE)
EU-Klimaförderung für Wasserstoff	Wasserstoff-Firmen kaufen: ITM Power, Nel ASA
Die EZB entscheidet einen digitalen Euro einzuführen	Digital Euro Innovation Partner Firmen könnten steigen: PostePay, Infineon Technologies
Deutschland entscheidet über Schuldenpacket 2025	Energieversorger, Bauwirtschaft und Infrastruktur profitieren: Siemens Energy, RWE

Makro Ideen generieren

Durchforste https://tradingeconomics.com/indicators zur Inkenntnissnahme realer Makro-Daten wie Inflationsraten und reales Wirtschaftswachstum von verschiedenen Ländern. Wenn du z.B. siehst, dass die Inflation in einem Land viel schneller steigt als erwartet oder das Wachstum trotz positiver Nachrichten schwach bleibt, kann das auf eine Fehlbewertung von Währung, Staatsanleihen und dem Aktienmarkt des Landes hinweisen.

Weitere Indikatoren:

- Zinserwartungen mit dem FedWatch Tool einschätzen (https://www.cmegroup.com/markets/interest-rates/cme-fedwatch-tool.html)

- Ölpreis: wenn teuer – inflationär. Beobachte dazu OPEC Nachrichten: Welche Maßnahmen sind geplant?

- VIX-Index: Ein sprunghafter Anstieg weist auf Turbulenzen im Aktienmarkt hin.

- Geopolitische Risiken: Global Crisis Tracker wie z.B. https://www.crisisgroup.org/crisiswatch

Beispiel für eine Makro-These

These: "Zentralbanken senken bald die Zinsen → Risiko Assets profitieren."

Risiko-Assets – das können Zahlungsanbieter wie Adyen, Asset Manager wie BlackRock oder Private Equity Unternehmen wie KKR & Co. Inc. sein.

Beispielhafte Handelsideen für Makro-Trades:

Idee	Aktion
Erwartete Zinserhöhung	Short Treasury ETFs
OPEC drosselt Förderung von Öl	Long ÖL-ETFs
Schuldenkrise in Itialien	Short italienische Staatsanleihen-Futures
Zinsdifferenz EUR/USD ist sehr negativ (z.B.: EUR: 1 % − USD: 5 % = −4 %)	Short EUR/Long USD Futures

Ideen aus reflexiven Marktverzerrungen

Wenn Blasen entstehen oder Panik in den Märkten herrscht, kannst du über kurzfristige Positionen mit einer Haltezeit von 1–3 Monaten zuschlagen. Dafür sollte immer Cash bereitstehen. Das Ziel ist, übertriebene Trends auszunutzen, also kaufen bei Panik und shorten bei zu großer Euphorie.

Marktstimmung schätzen

Mit diesen Tools kannst du die Stimmung der Marktteilnehmer abschätzen:

- Sentiment-Indikatoren wie der Fear & Greed Index von CNN oder der von CoinMarketcap zeigen Überhitzung oder Panik an.

- Put/Call Ratios und COT-Daten können auf extremes Stimmungshoch oder Tiefs von Spekulanten hinweisen.

- Fundamentaldaten wie KGV können bei Extremwerten auf Überhitzung hinweisen.

- Technische Analyse: RSI-Wert im Wochen- und Tageschart deutlich über 70: Eventuell überkauft. Unter 30: Eventuell überverkauft.

- Sentimentanalyse mit Beachtung von Extremwerten in weiteren Sentiment-Indizes, wie die im oberen Buchteil beschriebenen.

Beispielhafte Handelsideen aus Marktverzerrungen:

Idee	Aktion
Nvidia hat ein KGV > 80 und RSI > 70 im Wochenchart	OTM-Puts mit Laufzeit 3 Monate auf Nvidia
CoinMarketcap Fear & Greed Indikator zeigt "Extreme Greed"	Short Bitcoin Future oder Put auf Bitcoin-ETF
90 % Long Position in Gold im COT-Report	Short Gold Futures

Der Korrelationstrade

Soros setzt häufig sogenannte Korrelationstrades ein. Er könnte zum Beispiel gleichzeitig auf steigenden Aktienkurs und sinkende Währung wetten, wenn er erwartet, dass ein Land durch geldpolitische Lockerungen seine Währung schwächt und gleichzeitig die heimische Börse von Konjunkturpaketen profitiert.

Ein klassisches Beispiel ist die Wette von Soros 2013 auf den fallenden japanischen Yen bei gleichzeitigem Kauf von japanischen Aktien.

Dieses Vorgehen machte vor allem mit Blick auf die Portfolio-Theorie Sinn. Die zwei Werte sind invers korreliert, doch haben sicher keinen Korrelationskoeffizienten von genau −1. Das Risiko wird also durch Diversifikation verringert. Geht die Korrelationsschere zu stark auseinander ist das außerdem ein Zeichen, dass die Idee nicht aufgeht.

OTC Derivate

CFDs, Knockout-Zertifikate, Optionsscheine – das sind Over the Counter, also außerbörslich gehandelte Derivate, die es Kleinanlegern möglich machen mit geringem Kapitalaufwand und geringen Einstiegshürden an Preisentwicklungen verschiedenster Basiswerte wie Aktien, Indizes, Rohstoffen oder Währungen zu partizipieren.

Da diese Produkte nicht über eine regulierte Börse gehandelt werden, sondern direkt zwischen dem Anleger und dem Emittenten oder Broker abgeschlossen werden, unterliegen sie keiner einheitlichen Marktregulierung. Preise, Spreads, Handelsbedingungen und Liquidität werden vom Anbieter selbst bestimmt. Das ermöglicht zwar Flexibilität, birgt aber auch erhebliche Risiken in Bezug auf Transparenz, Fairness und Interessenkonflikte, insbesondere in volatilen Marktphasen oder bei starken Kurssprüngen z. B. während einer wichtigen Nachricht oder in der Nacht, wenn Spreads ausgeweitet werden und Ausführungsbedingungen sich deutlich verschlechtern können.

Für professionelle Investoren sind die genannten Derivate in der Regel ungeeignet, da sie oft wenig transparent und nicht liquide genug sind. Ab einem Depotvolumen von mindestens 5.000 €, idealerweise jedoch 25.000 €, bieten sich stattdessen Optionen, Futures und Margin-Trading als deutlich attraktivere Alternativen zu genannten OTC-Derivaten an. Davor kann es jedoch Sinn machen, seine ersten Erfahrungen mit Long- und Short-Positionen im Bereich der CFDs und Co. zu machen.

CFDs

Ein Contracts for Difference ist ein Differenzkontrakt, bei dem du mit einem Broker eine Wette auf die Kursentwicklung eines Basiswerts eingehst, z.B. einer Aktie, einem Index oder einer Währung. Die Besonderheit: Du besitzt den Basiswert nie und musst nicht liefern, sondern partizipierst nur an der Preisbewegung.

→ CFD-Broker nutzen zwei Modelle zur Abwicklung von Kundenorders: Beim A-Book leiten sie die Trades direkt an den Markt oder externe Handelspartner weiter und verdienen nur an Spreads oder Gebühren, während beim B-Book die Orders intern ausgeführt werden – der Broker nimmt also die Gegenposition ein und profitiert direkt von Kundenverlusten. In der Praxis kombinieren viele Broker beide Modelle und entscheiden anhand des Kundenverhaltens, welche Orders sie weiterleiten und welche sie intern halten.

CFD-Märkte

Typischerweise gibt es diese Märkte bei CFD-Broker zur Auswahl:

- **US100** (Nasdaq 100)
- **SPX500** (S&P 500)
- **GER40** oder **DAX40** (deutscher Leitindex DAX)
- **UK100** (britischer Leitindex FTSE 100)
- **HK50** (Hongkong 50 – Hang Seng), **JPN225** (Nikkei 225 – Japan)
- Hauptwährungen wie **EURUSD, GBPUSD, USDJPY**
- Exotische Währungen wie **USDMXN** (USD gegen mexikanischen Peso), **USDZAR** (USD gegen südafrikanischen Rand)
- **XAUUSD** (Gold), **XAGUSD** (Silber), **USOIL** (WTI Rohöl)
- **BTCUSD, ETHUSD** und andere Altcoins
- Agrarrohstoffe wie **Coffee, Sugar, Wheat** oder **Cotton**

Kosten

Beim CFD-Handel entstehen typischerweise folgende Kosten:

- **Spread:** Die Differenz zwischen Kauf- und Verkaufspreis. Bei liquiden Märkten wie dem DAX 40 oder EURUSD ist der Spread oft sehr niedrig. Exotische Märkte wie USDMXN, Kryptowährungen oder manche Rohstoffe haben dagegen deutlich höhere Spreads – oft höher als bei Futures. Der Spread ist variabel und wird über Nacht und während Nachrichten leicht erhöht – was zwar auch in Futures normal ist, jedoch können CFD-Broker diesen so anpassen, wie sie möchten, was manchmal zu ungünstigen Situationen führen kann.

- **Swap-Gebühren:** Hältst du eine Position über Nacht, können Finanzierungskosten (Swaps) anfallen. Diese hängen vom Basiswert, deiner Handelsrichtung und vom Broker ab und können in den Symboleigenschaften nachgeschlagen werden.

- **Kommissionen:** Einige Broker verlangen zusätzlich feste Gebühren pro Trade, z. B. 2 € pro Lot.

Metatrader

Die meisten CFD-Broker bieten den MetaTrader (MT4 oder MT5) an – eine der am meisten genutzten Handelsplattformen für Retail-Trader. Mit dieser App kannst du Charts analysieren, Indikatoren nutzen und direkt handeln. Praktisch dabei ist, dass der Broker kostenlos den Datenfeed, also Echtzeit-Kurse, in der Plattform zur Verfügung stellt.

→ An einer Futures-Börse musst du dir einen Datenfeed kaufen, sozusagen deinen Platz an der Börse, damit du dort handeln darfst. Das ist aber auch wichtig, denn an einer Futures-Börse geht es um echten physischen oder finanziellen Austausch von Kontrakten – mit hoher

Präzision und Geschwindigkeit. Auch wenn du mit CFDs tradest, lohnt sich ein echter Futures-Datenfeed. Dieser liefert dir Tick-genaue Kursbewegungen. Zusätzlich bietet ein Futures-Datenfeed Orderbuch-Tiefe (Level 2) für eine Übersicht über die ausstehenden Order und korrekte Volumeninformationen an.

CFD-Broker bieten meistens kostenlose Demokonten an, d.h. du kannst mit virtuellem Kapital echte Marktbedingungen simulieren. Das ist ideal zum Üben von Strategien mit kurzfristiger Long- und Short-Ausrichtung, inklusive Risikomanagement, Positionsgrößen und Orderarten.

→ Auch Propfirmen, die Tradern Kapital zur Nutzung bereitstellen, nutzen solche Demokonten, damit Trader beweisen können, dass sie profitabel sind.

Symboleigenschaften

Jeder CFD hat gewisse Symboleigenschaften: Sie geben Auskunft über Handelszeiten, Marginanforderungen, Kontraktgröße, Swapsätze, Mindestabstände für Stop-Loss/Take-Profit und mehr.

EURUSD Kontraktspezifikation	? ✕
Spread	schwebend
Nachkommastellen	5
Stop Level	0
Kontraktgröße	100000
Marginwährung	EUR
Profitberechnungsmodus	Forex
Marginberechnungsmodus	Forex
Margin-Hedge	100000.00
Margin Prozentsatz	100.0%
Handel	Voller Zugriff
Ausführung	Markt
GTC-Modus	Pending Orders halten bis zum manuellen Löschen
Minimales Volumen	0.01
Maximales Volumen	50.00
Volumen-Schritt	0.01
Swap Typ	in Punkten
Swap Long	-10.36
Swap Short	2.99
3-days swap	Mittwoch

Sitzungen	Quoten	Handel
Sonntag		
Montag	00:00-23:55	00:05-23:55
Dienstag	00:00-23:55	00:05-23:55
Mittwoch	00:00-23:55	00:05-23:55
Donnerstag	00:00-23:55	00:05-23:55
Freitag	00:00-23:55	00:05-23:55
Samstag		

Schließen

Mit diesen Informationen können Risiken für den EURUSD CFD-Kontrakt ausgerechnet werden: Wichtig zur Berechnung sind die Kontraktgröße und die Marginwährung. Zusätzlich siehst du Swap Kosten – die Kosten für das Halten über Nacht – und die Handelszeiten (meist in GMT+3).

Risikoberechnung CFD-Trade

Wert	Beschreibung
Symbol = USOIL	USOIL ist ein CFD, der den Preis des Brent Crude Oil Futures widerspiegelt
Risk = 100 €	Maximaler Geldbetrag, den du in diesem Trade riskieren willst.
Price = 60,33	Aktueller Preis pro Einheit (z. B. 60,33$ pro Barrel Öl)
Stop-Loss% = 0,75 % (Stop-Loss-Distanz ist Stop-Loss% · Price)	Prozentuale Distanz zum Einstiegspreis, bei der du ausgestoppt werden möchtest. Stop-Loss bei Long-Position = Einstiegspreis − Stop-Loss-Distanz Stop-Loss bei Short-Position = Einstiegspreis + Stop-Loss-Distanz
ContractSize = 100	Größe eines CFD-Kontrakts (z. B. 100 Barrel Öl pro Lot)
CurrencyRatio = 1,08	Währungsumrechnung Faktor, z. B. EUR/USD, wenn Kontowährung EUR und Marginwährung des Symbols USD – wie es bei USOIL der Fall ist.

$$Lots = \frac{Risk \cdot CurrencyRatio_{Account/Symbol}}{Stoploss\% \cdot Price \cdot ContractSize}$$

Eingesetzt:

$$\frac{100\,€ \cdot 1{,}08}{0{,}0075 \cdot 60{,}33\$ \cdot 100} \approx 2{,}4\,Lots$$

Knockout-Zertifikate

Knockouts, auch KOs oder Turboscheine genannt, sind strukturierte Produkte, die meist von großen Banken oder anderen Emittenten herausgegeben werden. Sie sind z.B. in TradeRepublic verfügbar. Du spekulierst mit ihnen auf steigende oder fallende Kurse, mit einem Mindesthebel von ca. 1,2 – bis hin zu sehr großem Hebelfaktor.

Restwertrisiko

Wird bei einem Knock-Out-Zertifikat der festgelegte Schwellenwert (Knockout-Level) erreicht, endet das Zertifikat sofort. Ob und wie viel Restwert ausgezahlt wird, hängt von der Produktart ab: Bei Mini-Futures bleibt in der Regel ein kleiner Restwert, während klassische Knock-Outs und viele Open End Turbos meist nahezu wertlos verfallen, insbesondere wenn Basispreis und Knockout-Level identisch sind.

In Phasen starker Kursschwankungen oder bei Kurslücken außerhalb der regulären Börsenzeiten (typischerweise zwischen 22:00 Uhr und 8:00 Uhr) kann der Restwert deutlich geringer ausfallen oder ganz entfallen. Entscheidend ist, zu welchem Kurs der Emittent nach dem Knockout seine Absicherung auflösen kann: schnelle Marktbewegungen und illiquide Zeiten erhöhen das Risiko eines Totalverlustes.

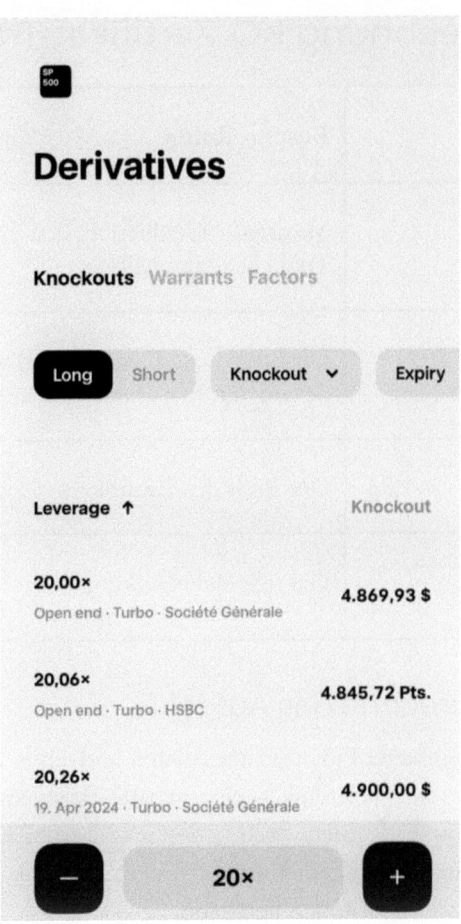

Eine Liste für Zertifikate auf den S&P 500 in TradeRepublic mit 20x Hebel. Zwei Open End Turbos, von Société Generale und HSBC, sowie ein weiterer Turbo mit Ablaufdatum 19. April 2024 werden angezeigt – mit verschiedenen Knockout Leveln.

Risikoberechnung KO-Zertifikat-Trade

Wert	Beschreibung
Risikobetrag = 100 €	Maximaler Geldbetrag, den du in diesem Trade riskieren willst
Stop-Loss% = 2 %	Die Stop-Loss-Distanz im Basiswert, auf der du den Risikobetrag riskieren möchtest
Zertifikatspreis = 1,53	Der Preis des Zertifikats
Hebel = 20	Die fixe Hebelwirkung des Zertifikats

Schritt 1: Berechne das Aufgeld

Der Aufpreis beinhaltet Finanzierungskosten und einen Risikoaufschlag bei hoher erwarteter Volatilität – eine genaue Beispielrechnung ist im Key Information Document (KID) des jeweiligen Zertifikats in der Trading-App zu finden. Ein Aufpreis von ca. 4 % ist ein ungefährer Wert, den man meistens annehmen kann.

$$\text{Zertifikatspreis inklusive Aufpreis} \approx 1{,}53 \cdot 1{,}04 \approx 1{,}65$$

Schritt 2: Berechne die Kontraktanzahl

$$\frac{\text{Risikobetrag}}{\text{Hebel} \cdot \text{Stoploss\%} \cdot \text{Zertifikatspreis inklusive Aufpreis}}$$

$$= \frac{100\,\text{€}}{20 \cdot 0{,}02 \cdot 1{,}65} = 151\,\text{Kontrakte}$$

Schritt 3: Berechne den Stop-Loss für das Zertifikat

$$\text{Stoploss} = \text{Zertifikatseinstiegspreis} - \frac{\text{Risikobetrag}}{\text{Kontrakte}}$$

$$= 1{,}65 - \frac{100\,€}{151} \approx 0{,}99$$

Der Stop-Loss muss als zusätzliche Order nach dem Kauf beauftragt werden. Wichtig: Kommt bei der Berechnung des Stop-Losses ein Wert um 0 oder ein negativer Wert heraus, ist das Risiko zu hoch. Dann sollte der Hebel reduziert werden, sonst läufst du Gefahr ein Restwertrisiko abzubekommen – das kann z.B. 200 € Verlust anstatt die gewünschten 100 € bedeuten.

Optionsscheine

Optionsscheine – englisch: Warrants – ähneln Optionen, sind aber keine echten börsengehandelten Optionen wie die an der EUREX. Sie werden wie KO-Scheine ebenfalls von Banken emittiert und du hast nicht das Recht, sie an einer Börse weiterzuverkaufen oder auszuüben wie bei normalen Optionen. Du kannst sie nur zurück an den Emittenten geben, dieser ist immer der Verkäufer der Optionsscheine.

Ein weiterer Unterschied: Der Emittent berechnet den Preis und nicht die Nachfrage an einer Börse. Zwar orientiert sich der Preis an den Options-Griechen, aber es gibt keine echte Preisbildung durch Angebot und Nachfrage.

Gegenüber börsengehandelten Optionen bewegen Optionsscheine weniger Einheiten vom Basiswert, denn ein Optionsschein hat in der Regel ein Bezugsverhältnis von 0,1 oder 1 zum Basiswert, während eine klassische Option meist z.B. 100 Aktien pro Kontrakt abdeckt.

Das Gute an Optionsscheinen: Sie bieten einen "safe playground" wegen des geringeren Geldrisikos – zum Üben von einseitigen Options-Strategien wie OTM-Calls und -Puts, sowie ATM- und ITM-Trades.

Anwendungsbeispiel: Crash-Absicherung

Innerhalb der nächsten 6 Monate siehst du die Gefahr, dass es einen Crash im DAX von −20 % gibt. Der aktuelle Kurs steht bei 21.000. Du suchst deshalb einen Put-Optionsschein, der eine Restlaufzeit von 6 Monaten oder mehr hat. Der Strike sollte tiefer als der aktuelle Kurs liegen, aber "in the money" beim Erreichen des Crash-Szenarios sein. Wie wäre es mit einem 19.600 Strike Preis?

Außerdem sollte die Option möglichst viel auszahlen, wenn der Crash passiert. Dazu muss das Verhältnis zwischen Zielszenario und gezahlter Preis für die Put-Option stimmen.

Szenario-Berechnung

Mit dieser Formel berechnest du das Zielszenario, wenn der DAX in 6 Monaten 20 % auf 16.800 Punkte fällt.

$$\text{Innerer Wert} = (\text{Strike} - \text{Kurs}) \cdot \text{Ratio}$$
$$= (19.600 - 16.800) \cdot 0{,}01 = 22{,}00 \text{€}$$

Der Schein wäre 22,00 € in diesem Szenario wert. Das bedeutet, dass eine lohnenswerte Rendite erreicht ist, wenn du für die Prämie, also den Preis der Option ein Vielfaches weniger zahlst, z.B. wenn der Schein aktuell 4,20 € kostet. In dem Fall hättest du eine Rendite von +423 % erreicht.

Wenn der Markt nicht stark fällt oder sogar steigt, verfällt der Schein wertlos. Das bedeutet: Totalverlust möglich, aber begrenzt auf die gezahlte Prämie von z.B. 100 €.

→ Für eine noch realistischere Berechnung, die eine Änderung der Implied Volatility miteinbezieht, kannst du ein Tool wie dieses benutzen: https://www.onvista.de/derivate/optionsschein-rechner

Fazit: Long und Short

Damit sind die meistgenutzten Retail-Derivate und zwei Handelsinstrumente vorgestellt, die Hedgefonds tatsächlich benutzen, inklusive deren Risiken und Funktionsweise. Erstere solltest du nur dann benutzen, wenn die Kapitalanforderungen für Letztere nicht ausreichen.

Diversifikation ist nicht vollständig, solange du nur long denkst. Short-Trades geben einem Portfolio eine ausgewogene Struktur mit echtem Potenzial zur Abschöpfung von z.B. makroökonomischen Abschwüngen oder überbewerteten Aktien. Shorts sind kein Hexenwerk, sie sind eine Komponente moderner Portfolios und ein Werkzeug, um gutes Risikomanagement zu betreiben.

Wer den Short einsetzt, muss auch Derivate, den damit verbunden Hebel verstehen und Verlustbegrenzungen einsetzen können.

Für das Risikomanagement auf Portfolio-Ebene ist die Portfolio-Theorie unerlässlich. Ausgestattet mit diesem Wissen kannst du dich besser absichern und mithilfe der Analysen, die Hedgefonds nutzen, mit etwas Timing große Risiko-Reward Potentiale realisieren.

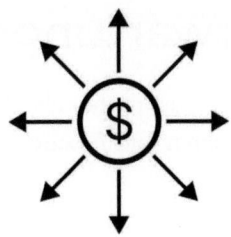

Diversifikator 3

»Strategien«

"Das Großartige an der Börse ist: Du kannst machen, was du willst.

Das Gefährliche an der Börse ist: Du kannst machen, was du willst."

Dieses Zitat meine ich ernst: Wer einfach long und short auf Wertpapiere wettet ohne einen Plan, ist zum Scheitern verurteilt. Das Ziel, einfach "irgendwie profitabel zu sein", ist kein tragfähiges Konzept, sondern ein Glücksspiel mit Ablaufdatum. Erfolg an den Märkten erfordert Struktur, klare Strategien und ein tiefes Verständnis von Risiko und Wahrscheinlichkeiten.

In diesem Diversifikator geht es um konkrete Handelsansätze wie Trendfolge- und Multi-Leg-Optionsstrategien, die gezielt von Volatilität und Seitwärtsmärkten profitieren können. Darüber hinaus werden typische Fallstricke beleuchtet, in die viele Retail-Trader durch übermäßige Trading-Aktivität tappen. Erst wenn du diese Mechanismen und Fehlerquellen verstehst, bist du in der Lage, eine strategische Diversifikation konsequent und nachhaltig durchzuführen.

Der Erwartungswert

Ein erfolgreicher Trader – ob institutioneller Trader oder privater Profi – denkt in Wahrscheinlichkeiten und Erwartungswerten.

Der Erwartungswert sagt dir, wie viel du durchschnittlich pro Trade verdienen wirst, wenn du denselben Trade tausendmal machst. Wenn du Trades mit einer positiven Kombination aus Trefferquote und Risk-Reward-Verhältnis findest, dann hast du eine Chance langfristig zu überleben.

Beispiel: Du gewinnst in 40 % der Fälle, aber dein Gewinn ist im Schnitt doppelt so groß wie dein Verlust – das ist profitabel.

Rein mathematisch:

$$E(X) = x_1 \cdot P(X = x_1) + x_2 \cdot P(X = x_2) + \cdots + x_n \cdot P(X = x_n)$$

Das ist einfach ausgedrückt:

$$\text{Erwartungswert} = \text{Gewinner\%} \cdot \Delta\text{Gewinn} - \text{Verlierer\%} \cdot \Delta\text{Verlust}$$

z.B. wie oben:

$$\text{Erwartungswert} = 0{,}4 \cdot 4.000\,\text{€} - 0{,}6 \cdot 2.000\,\text{€} = 400\,\text{€}$$

Praktisch gesehen kannst du natürlich nicht von jedem Geschäft erwarten, dass es genau diesen Erwartungswert erwirtschaftet. Das stellt sich erst nach mehreren Trades oder Tagen ein, weil Gewinne und Verluste sich ausbalancieren.

Dass Strategien auf einen positiven Erwartungswert ausgerichtet werden müssen ist offensichtlich. Aber wie fühlst du dich, nachdem du 5 mal hintereinander verloren hast? Die Wahrscheinlichkeit dafür ist ungefähr 7,7 % – es wird also manchmal vorkommen. Wird dein Verhalten durch diesen Kontorückgang beeinflusst? Wahrscheinlich ja!

Ein idealer Trader würde selbstverständlich ausschließlich diszipliniert solche Geschäfte eingehen, welche durchschnittlich weniger verlieren als gewinnen. In der Realität scheitern Trader aber oft an der emotionalen Komponente einer Trading-Strategie, insbesondere aufgrund der psychologischen Verlustaversion: Selbst bei systematischem Vorgehen können Verlustserien auftreten, die sich emotional schwerer anfühlen als sie statistisch zu bewerten wären.

Die Trefferquote eines Systems

"Don't focus on making money, focus on protecting what you have."
— Paul Tudor Jones

Manche der besten Trader der Welt haben in temporären Phasen eine Trefferquote von nur 20–30 % gehabt und dennoch beeindruckende Ergebnisse erzielt.

→ Jones gründete den Hedgefonds Tudor Investment Corporation, der in den 1980er Jahren legendäre Gewinne erzielte, unter anderem durch das frühzeitige Erkennen und Ausnutzen des Crashs von 1987. Er setzte konsequent kleine Beträge pro Trade ein, verteidigte sein Kapital aggressiv und ließ so die wenigen Wetten in die richtige Richtung sehr groß werden. Die einfache Formel für diesen Erfolg lautet: Vermeide große Verluste und große Gewinne kommen fast von selbst.

Paul Tudor Jones ist ein Paradebeispiel dafür, wie man mit diszipliniertem Risikomanagement selbst bei niedriger Trefferquote erfolgreich sein kann. Seine Herangehensweise zeigt, dass es nicht darum geht, bei den meisten Trades recht zu haben, sondern Verluste klein zu halten und die wenigen großen Chancen konsequent zu nutzen. Genau daran scheitern viele Trader: Die psychologische Belastung durch Verlustserien führt dazu, dass Regeln aufgeweicht oder ganz aufgegeben werden – obwohl gerade in diesen Phasen Disziplin entscheidend ist. Wer wie Jones denkt, schützt zuerst sein Kapital – und lässt die Gewinne folgen.

Weniger ist Mehr

Der Markt ist ein Transfer von ungeduldigen zu geduldigen Menschen, so hat es jedenfalls Warren Buffett ausgedrückt – der vermögendste Value Investor in der Geschichte der USA.

Zurückhaltung ist ein echter Wettbewerbsvorteil, denn wer ständig handelt, zahlt nicht nur durch Spreads, Slippage (die Abweichung zwischen dem erwarteten und dem tatsächlich ausgeführten Kurs) und Gebühren drauf, sondern begibt sich womöglich in ein Spiel, das er nicht gewinnen kann.

Overtrading Gefahr

Eine der größten Gefahren, in die so gut wie alle Privatanleger reinlaufen, ist das sogenannte Overtrading. Overtrading bedeutet mehr traden als der Markt hergibt. Es ist der Glaube, ständig handeln zu müssen, um mehr Gewinne zu machen. Doch das ist meistens ein Irrtum. Warum? Weil der Markt nicht ständig gute Chancen bietet!

Es ist zwar ständig möglich, einen weiteren Trade zu eröffnen, aber die Situation hat sich vielleicht noch nicht grundlegend geändert, um einen weiteren unabhängigen Trade mit großem Potential zu ermöglichen.

In Wahrheit reagieren die meisten Trader nicht nüchtern auf Marktumstände – sie reagieren auf sich selbst: Langeweile, Ungeduld, Angst und oft das Bedürfnis, Verluste sofort auszugleichen.

Der Markt ist kein Computerspiel. Er belohnt keine dauerhafte Aktivität. Es gibt nicht in jeder Minute eine echte Chance, keinen permanenten Gegner, den du besiegen musst und keine Punkte für besonders viele Wetten.

Gute Trader wissen: Nicht zu handeln ist manchmal der beste Trade. Nicht zu klicken. Nicht zu kämpfen. Sondern zu warten, bis der Vorteil wirklich auf deiner Seite ist.

Market Making

Was viele Privatanleger nicht begreifen: Der Markt ist nicht darauf ausgelegt, fair zu sein. Es ist keine neutrale Spielfläche, sondern eine feindliche Umgebung, in der jede Bewegung, jede Preisänderung, potentiell von professionellen Akteuren bewusst gestaltet oder ausgenutzt wird. Und ganz vorn mit dabei sind Unternehmen wie Jane Street, einer der weltweit erfolgreichsten Market Maker und quantitativen Händler.

Jane Street...:

- ...betreibt Eigenhandel mit mehreren Hundert Milliarden an Volumen täglich – nicht mit Meinung, sondern mit Mathematik.

- ...analysiert Preisunterschiede zwischen Assets (Arbitrage), handelt ETFs, Optionen, Derivate – alles was sich berechnen lässt.

- ...agiert im Mikrosekundenbereich (High Frequency Trading), mit Algorithmen, die auf kleinste Marktbewegungen reagieren und Geschwindigkeitsvorteile mit physischer Nähe zur Börse nutzen.

- ...ist ein Liquiditätsprovider bzw. "Market Maker".

Was ist Market Making? Ganz einfach ausgedrückt: Es bedeutet, dass jemand den Markt macht. Indem Jane Street Tag und Nacht Kauf- und Verkaufspreise für tausende Finanzprodukte stellt, sorgen sie dafür, dass Preise jederzeit kauf- und verkaufbar sind. Soweit ein nützlicher Service für den Anleger.

Der Profit für Market Maker entsteht nicht durch große Kursbewegungen, sondern durch mikroskopisch kleine Vorteile, z.B. den Spread und die Ausführung in Dark Pools. Das sind private Handelsplattformen, auf denen große Institutionen und Investoren Aktien kaufen und verkaufen können, ohne dass diese Transaktionen die öffentlichen Märkte beeinflussen oder den Preis sofort sichtbar machen.

Für den Privaten mag das unbedeutend wirken, aber bei Milliarden gehandelter Volumen zählt jedes einzelne Zehntel eines Cents. Jane Street und viele Retail-Broker leben davon, dass die Privaten zu häufig, zu emotional und zu planlos reagieren. Jede unüberlegte Aktion von dir füttert deren hochoptimierte Algorithmen mit Ertrag und generiert Gebühren für die Broker, die in der Supply Chain mitmachen.

Das ist auch der Grund, warum du als privater Trader vorsichtig sein musst, wenn scheinbar jede Bewegung eine Gelegenheit darstellt. Viele sehen im Markt ein Spiel, das auf Reaktion ausgelegt ist – eine permanente Herausforderung, die ständiges Eingreifen erfordert. Doch diese Denkweise führt in die Falle. Wie erwähnt, reagierst du dann nicht mehr auf Chancen, sondern auf Reize, wie wenn du vor einer Slotmaschine sitzen würdest. Du kämpfst nicht gegen einen anderen Trader, sondern gegen ein System, das darauf programmiert ist, dich durch deine eigene Aktivität zu schlagen.

Der ständig tickende Preis kann wie ein Köder gesehen werden, ausgelegt von Market Makern, die darauf warten, dass Retail-Trader gierig oder panisch werden. Sie geben dir Liquidität, wenn du kaufen willst und ziehen sie dir weg, wenn du verkaufen musst. Und sie verdienen in beiden Fällen.

Wer keine geduldige Strategie mit positivem Erwartungswert hat und keine Disziplin, diese Strategie systematisch umzusetzen, der spielt in einem Spiel, dessen Regeln er nicht versteht. Und der Gegner ist nicht dumm – er heißt Jane Street oder Aladdin, ein algorithmisches System von BlackRock, das Milliarden an Kapital nach mathematischen

Modellen umverteilt, Risiken managt und Marktchancen erkennt, bevor du überhaupt deinen Chart geöffnet hast.

Du bist nicht der Jäger – du bist die Beute, wenn du ohne System und ohne Vorteil gegen Maschinen antrittst, die keine Emotionen kennen und schneller denken, als du klicken kannst.

Es ist für mich nach mehr als 12 Jahren Trading ganz klar: Meine Vorteile als Mensch gegenüber der Maschine liegen in der Analyse, Geduld und Disziplin – bei Geschwindigkeit kann ich nicht mit den Algorithmen mithalten.

Smart Money

Normalerweise gewinnt das sogenannte "Smart Money" – also institutionelle Investoren wie Hedgefonds gegen Kleinanleger. Sie haben Zugriff auf teure Research-Tools und ein Netzwerk von Experten in der Industrie, was ihnen einen Vorteil verschafft. Ihre hochentwickelten Ausführungs-Algorithmen verschleiern ihre Aktionen. Zusätzlich können sie mit Prime-Brokerage Kosten senken und vom Vor- und Nachbörse-Handel profitieren.

Doch es gibt Beispiele, in denen das Smart Money verliert, und es gibt durchaus Wege, es den Hedgefonds gleichzutun – das ist schließlich Inhalt dieses Buchs.

Der Fall Gamestop

Der Fall GameStop machte deutlich, dass Kleinanleger durch vernetzte Aktionen eine enorme Marktmacht entfalten können und dass in seltenen Fällen auch das "Dumb Money" gewinnt.

Gamestop stieg Anfang 2021 extrem an, weil Kleinanleger auf Reddit (r/WallStreetBets) massenhaft Aktien kauften, um Hedgefonds mit großen Short-Positionen in einen Short Squeeze zu zwingen, also den

Kurs so hochzutreiben, dass sie ihre Positionen aufgeben mussten. Der Kurs explodierte von unter 20$ auf über 400$ Ende Januar 2021.

Der Hedgefonds Melvin Capital war am stärksten betroffen und verlor über 6 Milliarden USD – mehr als 50 % seines Kapitals – innerhalb weniger Wochen.

Plattformen wie Reddit ermöglichten es, Wissen zu bündeln, Marktineffizienzen zu entdecken und gemeinsam eine Strategie zu verfolgen, in diesem Fall gegen die Hedgefonds Shorts auf Gamestop zu wetten. Die Gesamtzahl aller Anleger hat den Markt letztlich in der Hand. Damit ein Hedgefonds seine Position auflösen kann, muss ein ganzes Fußballstadion voller Kleinanleger die Gegenrichtung kaufen.

Da die meisten Menschen passive Investoren sind, realisieren sie diese Macht allerdings nicht. Sie geben sich mit ETFs zufrieden und übergeben damit die Opportunität, den Hedgefonds und die Voting-Power für Aktien einer Firma wie BlackRock.

COT Report

Der COT (Commitments of Traders) Report ist ein wöchentlicher Bericht der US-Regulierungsbehörde CFTC (https://www.cftc.gov/MarketReports/CommitmentsofTraders/index.htm). Er zeigt, wie verschiedene Gruppen – darunter Hedgefonds, Swap-Dealer, Produzenten und Kleinanleger – am Futures-Markt positioniert sind. Besonders interessant für Trader ist die Kategorie "Managed Money", also Hedgefonds und Vermögensverwalter. Diese Gruppe wird oft als "Smart Money" betrachtet, weil sie professionell analysiert, strategisch vorgeht und oft Trends früh erkennt.

Du kannst den COT-Report nutzen, um zu erkennen, ob Hedgefonds Netto-Long oder Netto-Short sind – also ob sie auf steigende oder fallende Preise setzen.

Mit ChatGPT kannst du dir die COT-Daten schnell und verständlich erklären lassen.

Beispiel: Du suchst nach dem relevanten Report z.B. "Metals and other" für Gold. Dann kopierst du die aktuellsten Daten für Gold in ChatGPT als Kontext und fragst, welche Trading Bias sich davon ableiten lässt.

ChatGPT-Antwort: "Hedgefonds hielten am 22. April 2025 insgesamt 166.360 Long-Kontrakte und 45.458 Short-Kontrakte – sie sind also deutlich bullisch auf Gold positioniert. Obwohl sie zuletzt ein paar Longs reduziert haben, bleibt das Netto-Exposure klar positiv – ein Hinweis auf langfristiges Vertrauen in steigende Goldpreise."

Don't be the Dumb Money

Um nicht als "Dumb Money" zu enden, brauchst du konkrete Analysen und Strategien.

Im Rohstoffhandel hilft der COT-Report (Commitments of Traders), die Positionierung großer Marktteilnehmer wie Commercials und Hedgefonds zu erkennen. Wenn diese Gruppen stark auf steigende Preise setzen, ist es oft sinnvoll, nicht dagegen zu wetten, sondern sich mit ihnen zu positionieren. Wenn der COT-Report z.B. zeigt, dass Hedgefonds massiv Long in Gold sind und gleichzeitig die Marktstimmung extrem negativ ist, kann das ein guter Einstiegszeitpunkt sein – entgegen der allgemeinen Panik.

Für Aktien liefern Indikatoren wie Insidertransaktionen (z.B. über https://www.insiderkauf.de) konkrete Hinweise: Kaufen Vorstände und Großaktionäre eigene Aktien, spricht das meist für Kurspotenzial.

Zusätzlich zeigen 13F-Filings (z.B. auf https://whalewisdom.com), welche Aktien große US-Investoren aktuell kaufen oder verkaufen – Privatanleger können so Trends frühzeitig erkennen und mitgehen.

Professionelle Investoren kombinieren Fundamentalanalyse mit Sentimentdaten: Sie achten z.B. auf hohe Put/Call-Ratios, extreme Umfragewerte oder starke Abweichungen von gleitenden Durchschnitten. Wird die Marktstimmung zu euphorisch oder panisch, positionieren sie sich oft antizyklisch – also genau entgegengesetzt zur Masse.

Außerdem: Wer nicht mit den Großen konkurrieren will, kann sich auf Märkte konzentrieren, die für große Fonds zu klein oder illiquide sind, wie Altcoins, Pennystocks oder spezielle Agrarrohstoffe (z.B. Baumwolle, Orangensaft, Holz, Lebendrind). Hier haben Privatanleger oft einen Vorteil, weil sie schneller agieren können und weniger Konkurrenz durch professionelle Marktteilnehmer haben. Bei der aktuell meistgehandelten Aktie ist dies nicht der Fall.

Optionsstrategien

Viele Privatanleger wissen nicht, dass man mit der richtigen Optionsstrategie auch dann Geld verdienen kann, wenn sich ein Markt seitwärts bewegt, also kaum verändert. Marktneutrale Strategien ermöglichen es, von der Zeit und der Volatilität zu profitieren, ohne wild in einer Range hin und her handeln zu müssen. Besonders interessant sind sogenannte Spreads und Strategien mit Kombinationen aus mehreren Optionen, da sie das Risiko begrenzen und in speziellen Szenarien genau den richtigen Reward bringen.

Im Folgenden erkläre ich dir die wichtigsten Optionsstrategien im Detail mit ihren Vorteilen, Risiken und typischen Einsatzgebieten.

Covered Call

Ein Covered Call ist eine Optionsstrategie, bei der du eine Aktie besitzt und gleichzeitig eine Call-Option auf diese Aktie verkaufst.

Einsatzgebiet des Covered Call

Diese Strategie bietet zusätzliche Einnahmen in Seitwärtsmärkten, wenn du voraussehen kannst, dass ein bestimmter Preis wahrscheinlich nicht überschritten wird. Es reduziert auch die Kosten der Aktienposition, d.h. es wird mehr Margin für weitere Trades im Investment-Account frei – was für mehr Diversifikation sorgen kann.

Nachteil: Das Aufwärtspotenzial über dem Strike-Preis wird schmaler.

Protective Put

Hierbei kaufst du eine Put-Option auf eine bestehende Long-Position in der Aktie. Diese Strategie dient als Absicherung, ähnlich wie eine Versicherung. Fällt der Kurs stark, schützt der Put vor größeren Verlusten.

Einsatzgebiet des Protective Put

Wenn das Risiko einer Aktie unübersichtlich wird und eine Korrektur wahrscheinlich, du aber die Aktie trotzdem halten möchtest, dann bietet sich der Protective Put als gute Möglichkeit an.

Nachteil: Reduziert die Rendite durch die Kosten der Prämie.

Vertical Spread

Ein Vertical Spread kombiniert zwei Optionen gleicher Gattung – Calls oder Puts – mit demselben Verfallsdatum, aber unterschiedlichen Strike-Preisen.

Vertical Spreads lassen sich in zwei Hauptkategorien unterteilen:

- **Debit Spreads:** Hier zahlst du beim Aufbau der Position eine Prämie. Diese Strategie eignet sich, wenn du eine deutliche Bewegung in eine bestimmte Richtung erwartest.

- **Credit Spreads:** Hier erhältst du beim Aufbau der Position eine Prämie, weil du eine teurere Option verkaufst und eine günstigere Option kaufst. Ziel ist es, die vereinnahmte Prämie zu behalten, wenn sich der Markt seitwärts bewegt oder sich nur leicht gegen deine Erwartung entwickelt. Das Risiko bleibt auch hier durch die gekaufte Option begrenzt.

Bull Call Spread

Das ist ein Debit Spread. Kauf eines Calls mit niedrigerem Strike und gleichzeitiger Verkauf eines Calls mit höherem Strike. Du profitierst von einem moderaten Kursanstieg, reduzierst aber die Kosten gegenüber einem einfachen Long Call.

Bear Put Spread

Kauf eines Puts mit höherem Strike und Verkauf eines Puts mit niedrigerem Strike. Diese Strategie zielt auf moderate Kursrückgänge ab und ist ebenfalls ein Debit Spread.

Bull Put Spread

Beim Bull Put Spread verkaufst du einen Put mit höherem Strike und kaufst gleichzeitig einen Put mit niedrigerem Strike. Für diese Kombination erhältst du eine Prämie – den Credit. Du profitierst, wenn der Kurs über dem Strike der verkauften Put-Option bleibt, weil dann beide Optionen wertlos verfallen und du die Prämie vollständig behältst. Das Risiko ist begrenzt: Dein maximaler Verlust entspricht der Differenz der beiden Strikes abzüglich der erhaltenen Prämie. Diese Strategie eignet sich für leicht steigende oder seitwärts laufende Märkte.

Bear Call Spread

Beim Bear Call Spread verkaufst du einen Call mit niedrigerem Strike und kaufst gleichzeitig einen Call mit höherem Strike, beide mit gleichem Verfallsdatum. Du profitierst, wenn der Kurs unter dem Strike der verkauften Call-Option bleibt und beide Optionen wertlos verfallen. Das Risiko ist begrenzt, weil der gekaufte Call das Verlustrisiko des Short Calls absichert. Dein maximaler Verlust entspricht wie beim Bull Put Spread der Differenz der beiden Strikes abzüglich des erhaltenen Credits. Diese Strategie eignet sich für eine bärische bis neutrale Markterwartung.

Einsatzgebiet des Vertical Spread

Diese Strategie bietet ein klares Risk-Reward. Das ist sehr gut in trendigen, aber nicht aggressiven Bewegungen, bei denen du z. B. ein 1:2 Risk-Reward anstrebst und keine Bewegung darüber hinaus als realistisch ansiehst. Besonders in Märkten oder Aktien mit potenziell hohen Gaps ist der Vertical Spread vorteilhaft, da das maximale Risiko immer klar definiert ist.

Ein weiterer Vorteil ist, dass der Vertical Spread im Vergleich zum Kauf eines einzelnen Optionskontrakts weitgehend unabhängig von der impliziten Volatilität (IV) ist. Da du gleichzeitig eine Option kaufst und eine andere verkaufst, kompensieren sich die Effekte von IV-Veränderungen teilweise. Das macht die Strategie robuster gegenüber Volatilitätsschwankungen.

Nachteil: Der Gewinn wird begrenzt, und in starken Trends profitiert der Vertical Spread nicht so stark wie ein OTM-Call oder OTM-Put.

Beispiel Vertical Spread

Kaufen ⟳	1	May09'25 292.5 Call	11.95 11.80	✕
Verkauf ⟳	1	May09'25 252.5 Call	37.25 36.80	✕

⊕ Aktienkomponente hinzufügen

Performanceprofil ⓘ

Max Loss	Break Even	Max Return
1,508	277,39 $	2,485

///

Marktimpliziert
Gewinn-Wahrscheinlichkeit: 42% ⓘ

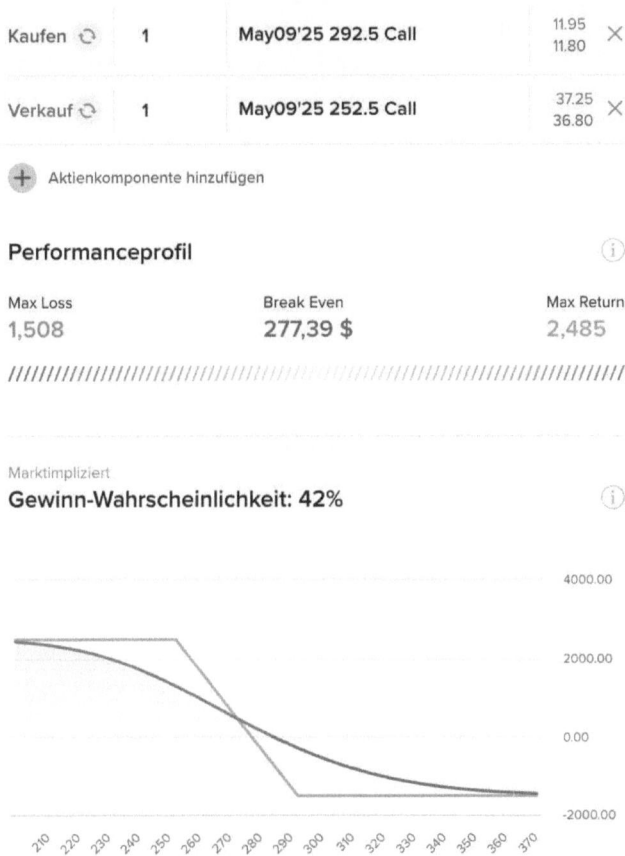

In diesem Bear Call Spread ist im Extremfall – wenn der Preis unter 210 fällt – ein 1:1,7 Risk-Reward möglich. Wenn der Preis nicht über den Strike-Preis des Calls bei 292,5 steigt, ist ein Gewinn zu erwarten.

Calendar Spread

Ein Calendar Spread kombiniert zwei Optionen mit demselben Strike-Preis, aber unterschiedlichen Laufzeiten. Meist verkauft man eine kurzfristige Option und kauft eine länger laufende Option. Ziel ist es, vom Zeitwertverfall der nahen Option zu profitieren, während die langfristige Position den Wert besser hält.

Einsatzgebiet des Calendar Spread

Diese Strategie ist ideal in seitwärts tendierenden Märkten mit stabiler Volatilität bis zum Verfall.

Nachteil: Bei sehr schnellen Bewegungen direkt nach Kauf des Calendar Spreads können Verluste entstehen.

Diagonal Calendar Spread

Eine Unterform des Calendar Spread ist der Diagonal Calendar Spread, der mit unterschiedlichen Strikes zusätzlich zu den unterschiedlichen Laufzeiten der Optionen arbeitet. Das eignet sich vor allem, wenn du z.B. potentiell positive, branchenverändernde Nachricht oder einen überraschenden Earnings Call in einer Aktie erwartest, dieses Event aber noch in absehbarer Zukunft steht und du davor schon positioniert sein willst.

Beispiel Calendar Spread

Ausgangslage:

- **Aktueller Aktien-Preis:** 100 €
- **Long Call:** Strike 100, Laufzeit 60 Tage, Prämie 700 €
- **Short Call:** Strike 105, Laufzeit 30 Tage, Prämie 300 €

$$\text{Netto-Investition} = 700\,€\ (\text{Long Call}) - 300\,€\ (\text{Short Call}) = 400\,€$$

Ablauf:

- **Nach 30 Tagen:** Der Short Call verfällt wertlos, falls der Kurs $\leq 105\,€$ ist. Liegt der Kurs über $105\,€$, muss die Differenz gezahlt werden bei Ausübung.

- **Nach 60 Tagen:** Der Long Call verfällt. Sein Wert am Verfallstag beträgt: $\max\,(0, S_{60} - 100) \cdot 100$, wobei S_{60} der Aktienkurs am Tag 60 ist.

Realisiertes Ergebnis Short Call:

- Wenn $S_{30} <= 105$: Der Short Call verfällt wertlos, die Prämie von $300\,€$ bleibt als Gewinn.

- Wenn $S_{30} > 105$:
  $$\text{Short Call Ergebnis} = 300\ € - (S_{30} - 105) \cdot 100$$

Gesamtergebnis nach 60 Tagen:

Das Gesamtergebnis setzt sich zusammen aus dem Wert des Long Calls am Tag 60, dem realisierten Ergebnis des Short Calls und der ursprünglichen Investition:

$$\text{Gesamtergebnis}$$
$$= \text{Wert Long Call}_{\text{Tag 60}} + \text{Short Call Ergebnis} - 700\ €$$

Beispieltabelle für verschiedene Kursstände mit $S_{30} = S_{60}$:

Aktienkurs S	Short Call Ergebnis	Long Call Wert	Gesamt-ergebnis
80	300 €	0 €	−400 €
90	300 €	0 €	−400 €
100	300 €	0 €	−400 €
102	300 €	200 €	−200 €
104	300 €	400 €	0 €
105	300 €	500 €	100 €
106	200 €	600 €	100 €
108	0 €	800 €	100 €
110	−200 €	1.000 €	100 €
115	−1.000 €	1.500 €	−200 €
120	−1.500 €	2.000 €	−200 €

Der maximale Gewinn des Calendar Spreads liegt typischerweise im Bereich des Strikes der Short-Option – hier bei 105 €. Bei sehr niedrigen oder hohen Kursen kann die Strategie Verluste bringen, da entweder beide Optionen wertlos verfallen oder der Short Call teuer ausgeübt werden muss, während der Long Call nicht ausreichend kompensiert wird.

Um mit einem Calendar Spread ein positives Risk-Reward zu erzielen ist ein aktives Management nötig:

- Sobald die kurzfristige Short-Option dem Verfall näherkommt, lohnt es sich eine eventuelle Anpassung vorzunehmen: Du kannst sie vor dem Verfall zurückkaufen und durch den Verkauf einer neuen, später fälligen Option ersetzt (rollen), um weiterhin von Zeitwertverlust zu profitieren und das Risiko einer Zuteilung zu vermeiden.

- Läuft die Short-Option wertlos aus, kann die verbleibende Long-Option verkauft oder – je nach Markterwartung – weiter gehalten werden – eventuell mit einer Stop-Loss-Order.

Synthetic Future

Ein Synthetic Future ist eine Optionsstrategie, bei der du gleichzeitig einen Call kaufst und einen Put verkaufst – beide mit gleichem Strike und gleichem Verfallsdatum – möglichst "at-the-money". Diese Konstruktion bildet die Kursentwicklung eines klassischen Futures nahezu 1:1 nach.

Einsatzgebiet des Synthetic Future

Diese Strategie ist besonders für Trader interessant, die Futures-ähnliche Hebelwirkung und Flexibilität suchen, aber lieber im Optionsmarkt bleiben möchten. Oft ist weniger Kapitalbindung nötig als beim Handel des Futures selbst.

Die synthetische Future-Position eignet sich, wenn eine starke Bewegung des Basiswerts erwartet wird und eine möglichst direkte 1:1 Partizipation an der Kursbewegung ohne Verlustbegrenzung durch die gezahlte Prämie gewünscht ist.

Nachteile: Die Differenz zwischen gezahlter Call-Prämie und eingenommener Put-Prämie verschiebt den Break-Even-Punkt leicht gegenüber dem echten Future.

Das Verlustrisiko ist wie beim klassischen Future theoretisch unbegrenzt: Läuft der Markt stark gegen dich, können die Verluste über das eingesetzte Kapital hinausgehen. Diese Strategie ist daher nur für erfahrene Trader geeignet, die dem Risiko mit Verlustbegrenzungen begegnen.

Die Konstruktion und das Management synthetischer Futures sind komplexer als bei klassischen Futures, da zusätzliche Faktoren wie Zeitwert, implizite Volatilität und andere Marginanforderung zu beachten sind.

Beispiel Synthetic Future

Kaufen ⟳	1	May23'25 90 Call	0.60 0.50	✕
Verkauf ⟳	1	May23'25 90 Put	0.75 0.60	✕

⊕ Aktienkomponente hinzufügen

Performanceprofil ⓘ

Max Loss	Break Even	Max Return
∞	90,00 $	∞

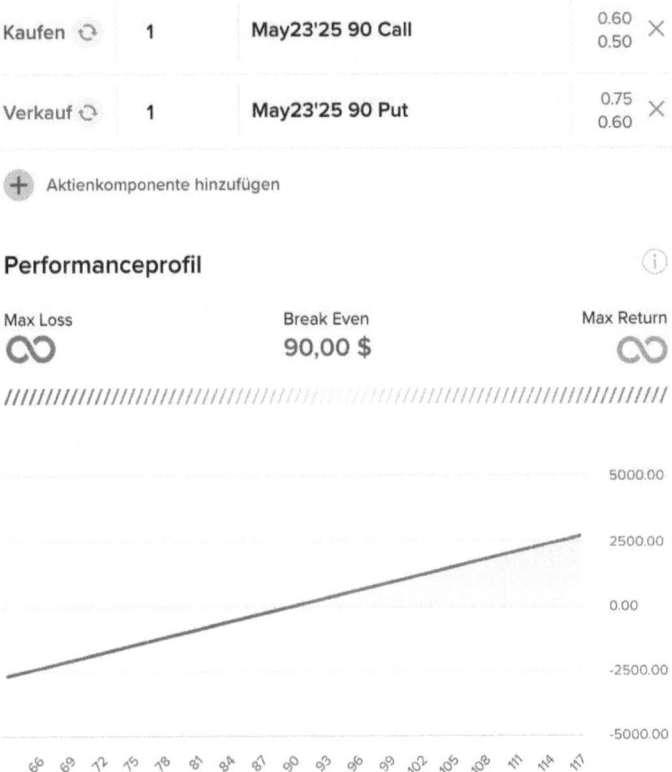

Das Naked Risk wird hier sichtbar: Der Max Loss und der Max Return sind unendlich. Die Ertragskurve ist theoretisch linear.

Iron Condor

Der Iron Condor ist eine klassische Strategie für Seitwärtsmärkte. Er kombiniert zwei Vertical Spreads – einen Call-Spread und einen Put-Spread – mit Strike-Preisen ober- und unterhalb des aktuellen Marktpreises. Ziel ist es, die Prämien beider Spreads einzusammeln, wenn der Kurs innerhalb einer bestimmten Spanne bleibt.

Einsatzgebiet des Iron Condor

Diese Strategie bietet gute Einnahmen bei wenig Bewegung innerhalb der definierten Preisspanne der Strike-Preise und ein begrenztes Risiko.

Nachteil: Empfindlich gegenüber starken Ausbrüchen nach oben oder unten. Der maximale Gewinn entsteht, wenn der Kurs innerhalb der Spanne bleibt, der Verlust entsteht beim Ausbruch aus der Spanne.

Iron Butterfly

Der Iron Butterfly ist eine Variante des Iron Condor, bei der die Strike Preise der verkauften Call- und Put-Optionen identisch sind. Dies erhöht die Prämieneinnahme, aber auch das Risiko nicht richtig zu liegen.

Die Strategie ist profitabel, wenn der Kurs sehr nahe an dem gemeinsamen Strike bleibt. Das ist ideal für ruhige Marktphasen, in denen kaum Bewegung erwartet wird und daher die Preisspanne enger als beim Iron Condor gesetzt werden kann.

Beispiel Iron Condor

Verkauf ⟳	4	May16'25 310 Call	8.90 / 8.75	✕
Kaufen ⟳	4	May16'25 315 Call	7.60 / 7.45	✕
Verkauf ⟳	4	May16'25 265 Put	9.60 / 9.45	✕
Kaufen ⟳	4	May16'25 260 Put	8.10 / 8.00	✕

➕ Aktienkomponente hinzufügen

Performanceprofil ⓘ

Max Loss	Break Even	Max Return
995,00 $	262.49, 312.51	1,000

Das Ertragsprofil zeigt in diesem Beispiel: Wenn der Kurs bis Verfall (geknickte Linie) zwischen 265 und 310 steht, wird ein Gewinn realisiert, außerhalb kommt es zu einem Verlust.

Long Straddle und -Strangle

Der Long Straddle, als auch der Strangle sind Strategien, die auf hohe Volatilität setzen. Sie sind wie der Iron Condor nicht von der Marktrichtung abhängig.

→ Der Short Straddle und der Short Strangle sind Strategien mit ungedecktem, also theoretisch unbegrenztem Risiko: Bei starken Kursbewegungen nach oben oder unten können erhebliche Verluste entstehen, da es keine eingebaute Begrenzung des maximalen Verlustes gibt. Deshalb werden diese Strategien hier nicht vorgestellt.

Long Straddle

Kauf eines Calls und eines Puts mit gleichem Strike und Verfallsdatum. Du profitierst bei starken Bewegungen in beide Richtungen.

Long Strangle

Gleiches Prinzip, aber mit leicht unterschiedlichen Strikes. Der Put wird tiefer gesetzt, der Call höher. Der Strangle ist günstiger als ein Long Straddle, aber benötigt stärkere Bewegung, um profitabel zu sein.

Einsatzgebiet Long Straddle und Strangle

Diese Strategien bieten schnelle Einnahmen, wenn eine explosionsartige Bewegung erwartet wird und du nicht sicher bist, in welche Richtung sie geht. Earnings Calls und die 14:30 Uhr Zins-, Inflations- oder Arbeitsmarkt-News sind ein guter Kandidat dafür.

Nachteil: Beide Strategien sind teuer und verlieren schnell an Wert, wenn keine Bewegung eintritt, d.h. das Ereignis, auf das spekuliert wird, doch nicht so weltbewegend ist wie erwartet.

Beispiel Strangle

Kaufen ⟳	1	May16'25 280 Put	15.45 15.30	✕
Kaufen ⟳	1	May16'25 292.5 Call	15.00 14.85	✕

➕ Aktienkomponente hinzufügen

Performanceprofil ⓘ

Max Loss	Break Even	Max Return
3,045	249.47, 323.03	∞

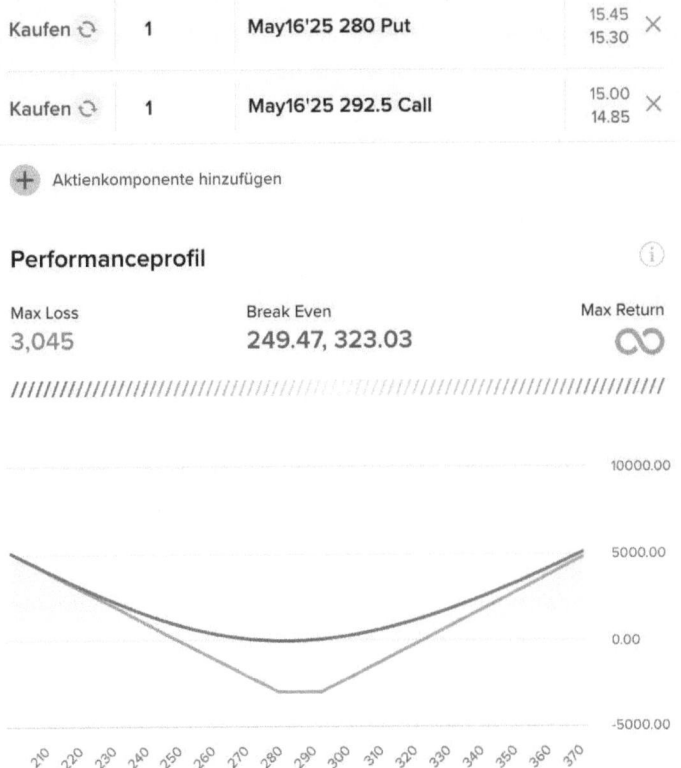

Hier wird deutlich: Zwischen 280 und 292,5 wird es keinen Profit geben, jedoch außerhalb davon.

Trendfolge

Trends sind ein zentrales Element der Chartanalyse – sie neigen dazu, sich fortzusetzen, statt abrupt zu enden. Viele erfolgreiche Anleger, darunter auch Hedgefonds, setzen auf sogenannte Trendfolge-Strategien. Es gibt tausende Ansätze in der technischen Analyse, Trends, Muster u.A. zu identifizieren. Dieses Buch soll allerdings keine Chart-Bibel sein. Der Fokus auf "nur Technische Analyse" ist meiner Meinung nach irreführend. Ich möchte hier nur ein paar simple Trendfolge-Indikatoren vorstellen.

Ein beliebter, einfacher Ansatz ist es, dem Verlauf von gleitenden Durchschnitten zu folgen. Wenn der 14-Tage-EMA (Exponential Moving Average) über dem 30-Tage-EMA liegt, deutet das meist auf einen Aufwärtstrend hin. Solche Trends können als Bestätigung dienen, dass ein positiver Stimmungsumschwung stattgefunden hat.

Wichtig ist es, geduldig zu sein und auf klare Trendbestätigungen zu warten, anstatt zu versuchen, jedes kleine Hoch und Tief mitzunehmen. Die Kunst ist es nicht zu spät, aber auch nicht zu früh einsteigen. Die Trendanalyse hilft dabei, Marktbewegungen rational zu betrachten und nicht emotional auf kurzfristige Schwankungen zu reagieren.

BTCUSD · 1D · BITSTAMP
▾ 2

USD ▾
112,500
110,000
107,500
105,000
102,500
100,000
97,500
95,000
92,500
90,000
87,500
85,000
82,500
80,000
77,500
75,000
72,500
70,000
67,500
65,000
62,500
60,000
57,500
55,000
52,500
50,000
47,500

Oct   Nov   Dec   2025   Feb   Mar

In diesem Bitcoin/USD Tageschart schiebt sich ungefähr im September die 14er EMA klar über den 30er EMA und es folgt ein Aufwärtstrend. Als sich der 14er EMA 5 Tage lang unter der 30er EMA aufhält, wird ein Abwärtstrend gegen Anfang Februar eingeleitet.

Trends können aus einer positiven Stimmung entstehen und sich über lange Zeit fortsetzen. Ein anschauliches Beispiel dafür ist Nvidia und der KI-Hype: Im Jahr 2023 gab es einen massiven Hype um KI-Unternehmen. NVIDIA, als führender Hersteller von spezialisierten GPUs (Graphical Processing Units), profitierte stark davon. Obwohl das KGV extrem hoch war – teilweise über 200 –, folgte der Aktienkurs weiterhin dem Aufwärtstrend.

Der Nvidia-Aufwärtstrend: Die Orientierung am 14-Tage-EMA, der kontinuierlich über dem 30-Tage-EMA lag, stellte viele Kaufsignale in Sicht. Gleichzeitig gab es auf Social Media-Plattformen und in Marktberichten eine extrem positive Stimmung.

Auch wenn fundamental gesehen NVIDIA laut Lehrbuch überbewertet war, hätte ein Trendfolger von der Marktstimmung profitieren können. Wichtig ist dabei, regelmäßig zu überprüfen, ob sich die Marktstimmung ändert oder der Trend bricht, z.B. wenn der 14-Tage-EMA wieder unter dem 30-Tage-EMA schließt.

Eine Kombination aus fundamentaler Analyse – hohe Nachfrage nach Chips für KI, positiver Cashflow, extrem positive Marktstimmung – und technischer Trendfolgestrategie ist oft eine sinnvolle Kombination um interessante Trading-Ideen zu generieren.

Averaging

In allen genannten Strategien müsstest du theoretisch zunächst einen einzigen großen Kauf tätigen, um deine Position am Markt aufzubauen. Solange der Markt ausreichend liquide ist, lässt sich das problemlos umsetzen. Hedgefonds können oft nicht einfach nach Belieben ein- und aussteigen – insbesondere dann nicht, wenn das Handelsvolumen nicht ausreicht, um ihre großen Positionen zu absorbieren. Sie müssen Teileinkäufe -und Verkäufe tätigen. Diese Taktik bezeichnet man als Averaging oder auch Scaling-In, bzw. Scaling-Out. Auch Privattrader können diese Taktik beim Ein- und Ausstieg nutzen.

In der Welt des professionellen Tradings ist Averaging darüber hinaus ein zentraler Bestandteil des Risikomanagements. Die Technik ermöglicht es, Positionen flexibel an Marktbedingungen anzupassen.

Scaling-In

Scaling-In heißt, deine Position schrittweise zu erhöhen. Wenn sich der Markt dabei in die gewünschte Richtung bewegt, nennt man dies auch Pyramidisieren. Diese Methode nutzt den Trend, um deine Gewinne zu vergrößern, ohne das Risiko einer zu großen Anfangsinvestition einzugehen.

Das Pyramidisieren verändert den durchschnittlichen Einstiegspreis: von diesem muss folglich deine neue, verkleinerte Stop-Loss-Distanz angesetzt werden. Deshalb ist es wichtig beim Pyramidisieren, dass du deinen Stop-Loss nachziehst, um das Risiko konstant zu halten. Sobald du eine neue Position hinzufügst, verschiebst du den Stop-Loss für die gesamte Position nach oben bei einem Long-Trade oder nach unten bei einem Short-Trade, um die Verluste in gleichem Maße zu begrenzen. Eine gängige Methode ist es, den Stop-Loss auf den Einstandspreis der ersten Position zu setzen oder einen Trailing Stop zu verwenden, der sich mit dem Marktpreis bewegt, aber immer einen bestimmten, kleiner werdenden Abstand behält.

Unterm Strich kommt es finanziell oft auf dasselbe raus – ob du alles auf einmal kaufst oder Schritt für Schritt die Position erhöhst. Aber: Die emotionale Seite spielt auch eine Rolle. Wer langsam einsteigt, fühlt sich anfangs sicherer und kann das Risiko besser dosieren. Erst mit Marktbestätigung wird Risiko erhöht und die Konfidenz und das Risiko wächst. So kann Scaling-In helfen, mit den eigenen Gefühlen beim Investieren besser umzugehen und nicht vorschnell voll mit Risiko in den Markt zu gehen.

Doch Vorsicht: Scaling-In betreiben, wenn die Position schon im Verlust steht, ist für große Marktteilnehmer zwar sinnvoll, aber für Private eine eher gefährliche Handlungsweise und sollte vermieden werden. Der Grund ist folgender: Der Markt hat gezeigt, dass er nicht in die gewünschte Richtung läuft. Wenn du jetzt versuchst, durch Nachkaufen den Einstandspreis zu senken und das Risiko erhöhst, nur um den Verlust auszugleichen, handelst du gegen das wichtige Prinzip, Verluste klein und Gewinne groß zu halten. Denn oft führt dieses Verhalten dazu, dass Verluste noch größer werden, anstatt sie zu begrenzen. Besser ist es, meiner Meinung nach immer, den Verlust klein abzuschneiden, wenn du nicht richtig liegst.

Scaling-Out

Hierbei reduzierst du schrittweise deine Position, um Gewinne zu sichern.

Du kannst z.B. am Tagesende einen Teil deiner Position verkaufen, um das Risiko von unerwarteten Kursbewegungen über Nacht zu verringern. Außerdem kannst du Teilverkäufe an bestimmten Preiszonen tätigen, z.B. bei runden Kursmarken wie 50, 100 oder 500, weil viele Anleger diese Zahlen besonders beachten. Auch Zonen, an denen der Kurs in der Vergangenheit öfter gestoppt oder gedreht hat, sind sinnvoll, da solche Bereiche oft als Unterstützungs- oder Widerstandsniveaus gelten.

Nach einem deutlichen Kursanstieg kann es außerdem sinnvoll sein, generell Gewinne teilweise zu sichern, um sich gegen den Fall abzusichern, dass der Kurs schlagartig wieder dreht.

Der Nachteil: Wenn der Markt weiter in die gewünschte Richtung geht, bist du nicht mehr voll dabei. Die Wahrheit ist aber, dass niemand den perfekten Ausstiegspunkt wissen kann. Mit Scaling-Out kannst du vermeiden, dass du wegen Warten auf eine perfekte Ausstiegs-Kondition gar keinen sinnvollen Ausstieg findest.

Anwendung in Derivaten

Averaging-Strategien können auch Anwendung bei Derivaten wie Optionen und Futures finden.

Averaging in Optionsstrategien

Beim Aufbau eines Iron Condor z.B. kannst du zunächst einen Teil der Position eingehen und weitere Teile hinzufügen, wenn sich der Markt wie erwartet in der Preisspanne bewegt. Ebenso kannst du Teile der Position schließen, um Gewinne zu sichern oder Verluste zu begrenzen, wenn die Nachrichtenlage sich ändert.

Averaging im Futures-Handel

Du kannst eine Position in einem Futures-Kontrakt, der einen Bruchteil deines Risikos ermöglicht, auf- und abbauen. Dazu bietet sich eventuell ein Micro-Future an.

Das Pyramidisieren ist speziell im Futures-Handel innerhalb des Tages interessant, denn die Intraday-Margin ist oft sehr gering, was das Eingehen großer Positionen innerhalb des Tages ermöglicht. Bei seltenen, aber immer wieder auftretenden Crash-Situationen im Aktienmarkt beispielsweise, kannst du mit einer smarten, pyramidisierten Position sehr viel Gewinn innerhalb eines Tages realisieren.

Strategie Beispielportfolio

Von Optionsstrategien und Trendfolge profitieren kann in einem strategischen Portfolio umgesetzt werden. Ein strategisches, sehr aktiv verwaltetes Portfolio ist zwar eine Möglichkeit am Finanzmarkt zu partizipieren – ist aber nicht für jeden etwas. Ein Tradingplan, wie in diesem Portfolio, stellt sicher, dass du tatsächlich geduldig und strategisch genug an das Geschäft Börse herangehst und so mit den Großen mithalten kannst.

Das Trendfollow-Event-Driven-Portfolio

Aufwand: ★★★★☆

Risiko: ★★★★☆

Marktneutralität: ★★★★★

Beschreibung

Das Trendfollow-Event-Driven-Portfolio nutzt zwei Strategien: Trendfolge auf Futures und eine Event-Driven Strategie, die mit Optionsstrategien von anstehenden Events wie Earnings, News etc. profitieren kann. Beides zusammen ist eine leistungsstarke Portfolio-Mischung.

Trendfolge-Trades zielen darauf ab, in verschiedenen Assetklassen sowohl von steigenden als auch von fallenden Makro-Trends zu profitieren. Dabei wird angenommen, dass sich solche Trends durch das Zusammenspiel von Marktstimmung und fundamentalen Entwicklungen verstärken.

Eine der bekanntesten Umsetzungen war das Turtle-Trader-Experiment von Richard Dennis und William Eckhardt in den 1980ern, bei dem klare Regeln für Einstieg, Ausstieg und Positionsgröße definiert wurden. Entscheidend war dabei nicht die Trefferquote, sondern ein konsequentes Risiko- und Trademanagement. Verluste wurden strikt begrenzt und Gewinne mit Pyramidisierung ausgebaut. Auch die Diversifikation über weitgehend unkorrelierte Märkte war eine wichtige Stärke des Ansatzes. Das mechanische Befolgen eines klaren Systems wie das der Turtle-Trader ist auch heute noch der Kern einer robusten Trendfolgestrategie.

Event-Driven Optionsstrategien können sowohl von langfristigen Marktbewegungen als auch von kurzfristigen Ereignissen profitieren. Dieser Ansatz ist bei institutionellen Anlegern wie Citadel weit verbreitet. Als einer der größten Liquiditätsanbieter an allen wichtigen US-Optionsbörsen nutzt Citadel auch Marktineffizienzen rund um signifikante Ereignisse.

Empfohlene Mindestvoraussetzung

Optionen und Futures sind optimal für diese Strategie – dafür sind 25.000 € Kapital zu empfehlen. Alternativ geht das Ganze auch mit Knockout-Zertifikaten anstatt Futures. ICE Futures wie Kaffee und Kakao sind erst mit viel Margin und der Zahlung eines 130 € teuren ICE Datenfeeds verfügbar. CME Datenfeed und EUREX Datenfeed sind deutlich billiger. Alternativen sind Synthetic Futures auf Futures-Optionen. Ein Tradingview-Abonnement mit den benannten Datenfeeds ist empfehlenswert – oder/und ein zusätzlicher bei deinem Broker.

Beispielhafte Zusammensetzung

- Trendfolge-Trades (50%)
- Event-Driven-Trades (30%)
- Cash (20%)

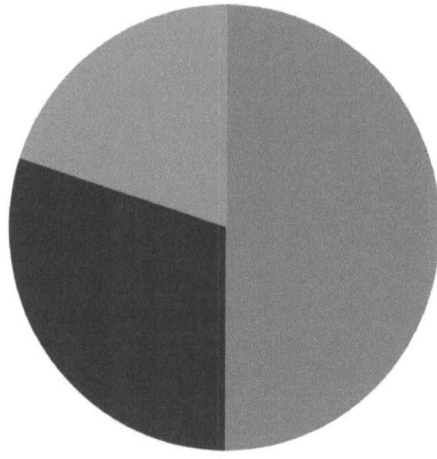

Die maximale Auslastung aller Trendfolge-Trades sind 8 Positionen. Diese können pyramidisiert sein, also mit verdoppelter Initial-Positionsgröße gehalten werden. Ein Risiko bis zur Stop-Loss-Distanz von 1–3 % ist empfehlenswert. Beachte die Margin, die zum Halten der Position über Nacht gefordert wird.

Für Options-Trades wird die Options-Prämie gezahlt, allerdings wird die Margin mit gleichzeitigem Verkaufen der Optionen bei Spreads und anderen Strategien reduziert. Eine Positionsgröße von 3–5 % und eine maximale Anzahl gleichzeitiger Trades von 6 ist hier empfehlenswert. Ein Cash-Bestandteil ist vorhanden, wenn das Portfolio nicht voll investiert ist – was es auch anfangs nicht sein sollte.

Analyse-Frequenz

Du analysierst täglich eine halbe Stunde vor Börsenschluss. Das ist normalerweise 21:30 Uhr europäische Zeit.

Trendfolge-Strategie

Ein beispielhaftes Regelsystem für Trendfolge:

- Timeframe: Tageschart
- Futures Märkte:

    - Kaffee (Coffee – KC)
    - Zucker (Sugar No 11)
    - Kakao (Cocoa)
    - Weizen (Wheat – ZW)
    - S&P 500 (ES oder MES)
    - EuroStoxx 50 (FESX)
    - Hang Seng (HK 50 – HSI)
    - Bund Future (FGBL)
    - Öl (Crude Oil – CL oder MCL)
    - Sojabohnen (Soybeans – ZS)
    - Bitcoin (MBT)
    - Lebendrind (Live Cattle – LE)
    - Orangensaft-Konzentrat (FCOJ-A)
    - Gold (GC oder MGC)
    - Kupfer (Copper – HG oder MHG)
    - Euro (6E oder M6E)
    - Yen (6J oder M6J)

        Optional: Für mehr Auswahl kannst du Synthetic Futures auf ETFs wie VNQ, LQD, XLF oder AMDL hinzufügen oder nur Synthetic Futures handeln, wenn du einen Only-Options-Account bevorzugst.

- Trade-Management Beispiel Long (Vice Versa Short):

  - Einstiegssignal:

    - 14er EMA schließt über 30er EMA nach oben → eine Kerze mit Tief > 14er EMA entsteht → eine Kerze berührt die 14er EMA (Rücksetzer)

      - Einstieg mit 2x ATR(14) als Stop-Loss (wichtig: Risiko% auf diese Distanz berechnen)

  - Trade-Management:

    - Einmal die Woche den Stop-Loss nachziehen z.B. wenn Einstieg am Mittwochabend: jeden folgenden Mittwochabend, den Stop-Loss mit 1,5x ATR(14) Abstand nachziehen

      - nach 4 mal nachziehen: Jeden Abend an das Tief des Tages nachziehen

    - Wenn die Position über 1:1 Risk-Reward erreicht: Kaufe nochmal die Inital-Positionsgröße nach. Passe die Stop-Loss-Distanz an, sodass nur noch die Hälfte der initialen Stop-Loss-Distanz riskiert wird (auf neuen Durchschnittspreis ausgerechnet)

Welche Regeln du genau für das Management einsetzt, bleibt letztendlich dir überlassen, weil es keine "perfekte" Strategie gibt. Die Regeln sollten allerdings klar definiert sein, um sie mechanisch befolgen zu können. Es kann auch ein Algorithmus für das Management eingesetzt werden.

Die große Gefahr liegt darin, dass du als Trader etwas "verbessern" willst, weil sich die geringe Trefferquote zeitweise unangenehm anfühlt. Mit diesen vermeintlichen Verbesserungen würdest du das System jedoch brechen und große Gewinne können nicht mehr entstehen.

Event-Driven-Strategie

Für eine effektive Event-Driven Strategie ist es entscheidend, die relevanten Ereignisse zu identifizieren und zu überwachen:

- **Gewinnmeldungen (Earnings):** Quartalszahlen und Jahresabschlüsse

- **Fusionen und Übernahmen:** Ankündigungen, Genehmigungsverfahren, Abschlüsse

- **Produkteinführungen:** Große Produkt-Launches

- **Behördliche Entscheidungen:** FDA-Zulassungen für Pharmaunternehmen, Wettbewerbsentscheidungen

- **Politische Ereignisse:** Wahlen, Abstimmungen

- **Zentralbankentscheidungen:** Fed-Sitzungen, EZB-Entscheidungen zur Geldpolitik

- **Wirtschaftsindikatoren:** Veröffentlichung von Inflations-, Arbeitsmarkt- oder BIP-Daten

- **Geopolitische Entwicklungen:** Internationale Konflikte, Handelsabkommen

- **Regulatorische Änderungen:** Neue Gesetze oder Vorschriften für bestimmte Branchen

Ressourcen

Zur effektiven Planung von Event-Driven Strategien sind zuverlässige Kalender unerlässlich:

- **Options AI Earnings Calendar:** Spezialisiert auf die Darstellung von Optionspreisen für Unternehmen während der Berichtssaison (https://tools.optionsai.com/earnings-calendar)

- **Stock Earnings Calendar von Market Chameleon:** Ermöglicht Filterung, Suche und Sortierung bevorstehender Gewinnmeldungen mit wichtigen Details wie erwarteten Preisbewegungen (https://marketchameleon.com/Calendar/Earnings)

- **Federal Reserve Meeting Calendar:** Offizielle Quelle für die Zeitplanung der FOMC-Sitzungen (https://www.federalreserve.gov/monetarypolicy/fomccalendars.htm)

Optionsstrategien zur Nutzung von Events

Es gibt verschiedene Situationen, von denen diese unterschiedlichen Options-Strategien am Besten profitieren:

Situation	Strategie	Anwendung
Erwartung von signifikanter Preisbewegung in unbekannter Richtung. IV noch nicht stark angestiegen (30–35 %).	Long Straddle	1–2 Wochen vor Ereignis platzieren. Laufzeit bis 3 Tage nach Ereignis.

Erwartung von explosionsartiger Preisbewegung in unbekannte Richtung. IV ist noch sehr niedrig (< 30 %).	Long Strangle	1–3 Wochen vor Ereignis platzieren. Laufzeit bis 2 Tage nach Ereignis. Billiger als Long Straddle – benötigt jedoch mehr Preisbewegung für Profit.
Erwartung von moderater Volatilität, die im Verfallszeitraum unter der Start-IV verbleibt in einer bestimmten Preisrange. IV ist bereits erhöht (> 40 %).	Iron Condor	1–5 Tage vor einem Ereignis platzieren. Laufzeit bis 5 Tage nach Ereignis.
Erwartung einer geringen Kursbewegung, die sich in Zukunft steigern könnte. Du könntest also von IV-Differenzen zwischen den zwei Verfallszeiten der Optionen profitieren.	Calendar Spread	2–3 Wochen vor einem planbaren Ereignis platzieren. Laufzeit kurzfristiger Options-Verkauf: 7 Tage nach Ereignis. Laufzeit des langfristigen Options-Kaufs: 60 Tage nach Ereignis.

Beispiele:

Strategie	Beispiel
Long Strangle	Du erwartest starke Volatilität bei der nächsten Quartalsmeldung von Apple. Kauf eines Straddle 10 Tage vor dem Ereignis, wenn die IV bei 30 % liegt, statt kurz vorher, wenn sie bei 45 % liegen könnte. Der Straddle wird profitabel, wenn sich Apple nach der Meldung stärker bewegt als die Summe der gezahlten Optionsprämien.
Long Straddle	Bei einem Pharmaunternehmen vor FDA-Zulassungsentscheidung kaufst du einen 10 % OTM Call und einen 10 % OTM Put für insgesamt geringere Kosten als bei einem Straddle. Die Strategie wird profitabel, wenn das Unternehmen sich um mehr als ca. 15 % in eine Richtung bewegt, was bei Zulassungs- oder Ablehnungsentscheidungen häufig der Fall ist.
Iron Condor	Bei einem großen Technologieunternehmen, das traditionell nur moderate Preisbewegungen nach Earnings zeigt, verkaufst du einen Iron Condor einen Tag vor der Bekanntgabe, wenn die IV eine Jahres-Spitze erreicht. Die Strategie profitiert, wenn das Unternehmen weniger volatil reagiert als vom Markt erwartet und die IV nach dem Ereignis rapide sinkt.

Calendar Spread	Bei einem Unternehmen zwei Wochen vor den Earnings kaufst du einen Call mit 3-Monats-Laufzeit, leicht OTM, und verkaufst einen Call mit 1-Monats-Laufzeit, knapp über das Earnings-Datum hinaus, mit gleichem Basispreis. Nach den Earnings fällt die IV für die kurzfristige Option stark, während die langfristige Option weniger betroffen ist, was zu einem Gewinn führt.
	Hast du eine Long-Bias, kannst du einen mehr diagonalen Calendar Spread aufsetzen.

Variationen

Natürlich kannst du auch nur die Trendfolge-Strategie handeln oder nur die Event-Driven Strategie.

Die Prozentrisiken von 1–3 % bei maximal 8 Positionen Trendfolge, und 3–5 % bei maximal 6 Positionen Event-Driven, sind grobe Vorschläge. Wähle alternativ einen Risikobetrag, der deiner Konfidenz und deiner Situation entsprechend angemessen ist.

Fazit: Strategien

Zusammengefasst gilt: Wenn du als Kleinanleger mit einer konkreten Trading-Strategie erfolgreich sein willst, brauchst du mehr als nur Mut – du brauchst das Wissen über die richtigen Tools, Disziplin und ein langfristiges, systematisches Vorgehen. Emotionale Kontrolle ist natürlich entscheidend, ebenso wie das Verständnis für Marktmechanismen, der Einfluss der Stimmung bzw. Sentiment und die Art, wie professionelle Investoren analysieren.

Der GameStop-Hype hat gezeigt, dass das sogenannte "Smart Money" nicht unfehlbar ist – doch wer nicht zum "Dumb Money" gehören will, muss aufhören, impulsiv zu handeln, und anfangen, wie ein Hedgefonds zu denken: nüchtern, datenbasiert und strategisch.

Das Ziel von Strategie als Diversifikator ist es, Risiken zu reduzieren und eine robustere Performance zu erreichen, d.h. wenn bestimmte Märkte oder Methoden gerade nicht gut laufen, dann läuft eine andere Methode gerade besser. Dadurch glättet sich die Equity-Kurve deines Gesamtportfolios.

Optionsstrategien und eine durchdachte Sicht auf das Verhältnis von Risiko zu Ertrag erweitern den Strategiemix sinnvoll, denn sie ermöglichen, asymmetrische Chancen systematisch zu nutzen. Das bedeutet: Du setzt nicht auf viele kleine Gewinne mit hohem Risiko, sondern auf wenige, klare Setups mit großem Potenzial bei begrenztem Verlust. Dazu gehört auch, in ruhigen Marktphasen bewusst stillhalten oder gezielt Volatilitätsstrategien einzusetzen – etwa bei plötzlicher Unsicherheit wegen einer politischen Verhandlung oder in Korrekturphasen.

Wichtig ist, dass jede Strategie auf einer eigenen Logik, Risikostruktur und einem identifizierbaren Vorteil basiert. Dieser lässt sich testen und validieren, z. B. durch Korrelations-Intervallanalyse.

Der zentrale Gedanke: Die Strategien sollten sich gegenseitig ergänzen, nicht doppeln – damit du flexibel bleibst und dich an verschiedene

Marktphasen anpassen kannst, statt starr einem einzigen Investment oder einer einzigen Strategie zu folgen.

Wer weniger handelt, verliert weniger an das System. Wer selektiv handelt, kann echte Chancen erkennen, statt auf zufällige Signale zu setzen. Am Ende prüft der Markt nicht nur die Qualität deiner Strategie – sondern auch, ob du die Geduld und Disziplin besitzt, sie konsequent durchzuhalten. Letztlich entscheidet nicht nur dein System, sondern vor allem deine Fähigkeit, Emotionen zu kontrollieren und langfristig rational zu bleiben, über deinen Erfolg.

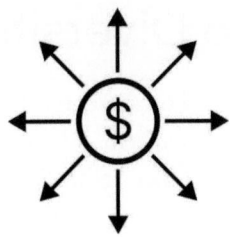

Diversifikator 4

»Zeit«

Zeit glättet das Chaos der Märkte. Sie hilft, den Lärm von Bedeutung zu trennen. Über Wochen, Monate und Jahre zeigen sich Vorteile klarer, Fundamentaldaten entfalten ihre Wirkung und kurzfristige Zufälle verlieren an Gewicht.

Der Zinseszinseffekt entfaltet seine wahre Kraft nur über Zeit – unabhängig davon, ob du mit 1.000 € oder 10.000 € startest. Am Anfang wirken die Fortschritte klein, fast unsichtbar, doch mit Geduld wächst das Kapital exponentiell. Im Trading wie im Investieren geht es nicht darum, sofort große Sprünge zu machen, sondern einem gewinnbringenden Prozess zu folgen. Zeit multipliziert Konsequenz. Wer ihr Raum gibt, wird Ergebnisse sehen, die am Anfang unvorstellbar waren.

Wer Zeit auf seiner Seite hat, braucht nicht jede Schwankung zu fürchten und wird nicht durch jede Kursbewegung getrieben, sondern gibt seinen Entscheidungen Raum, sich zu entwickeln.

Zeitliche Diversifikation

In den letzten Beispiel-Portfolios wurden schon Methoden vorgestellt, die vorsehen, mehrere Trades nacheinander im Jahr einzugehen. Das ist eine zeitliche Diversifikation, also keine Diversifikation in die Breite, sondern eine Diversifikation in die horizontale Zeitachse.

Mit einem positiven Erwartungswert ist es natürlich optimal, so viele Trades wie möglich in einem Jahr einzugehen – möglichst marktneutral bzw. unkorreliert voneinander. Leider ist die Realität so, dass dieses Vorgehen eine Menge Transaktionskosten verursacht, was den Vorteil, bzw. Erwartungswert drückt und das Trading schwieriger macht.

Hedgefonds handeln nicht kurzfristig

Wie viele Chancen bietet der Markt überhaupt an einem Tag bzw. einem Jahr? Echte Chancen am Markt sind deutlich seltener, als es auf den ersten Blick scheint und das erklärt auch, warum Hedgefonds nicht permanent kurzfristig diskretionär handeln.

Grund 1: Opportunität

Die meisten kurzfristigen Bewegungen an den Märkten sind reiner Lärm und spiegeln keine echten Informationsvorteile oder Fehlbewertungen wider. Hedgefonds suchen nach Situationen, in denen sie einen echten Vorteil haben: durch Informationsvorsprung, spezielle Analysen oder Arbitragestrategien. Solche Gelegenheiten treten jedoch nicht ständig auf. Manche Hedgefonds brauchen Jahre, um ihre Vorteile auszuspielen.

Langfristige Strategien, wie die vorgestellten Portfolios, bieten eine stabilere und nachhaltigere Rendite, weil sie auf tiefergehenden Analysen, Diversifikatoren und echten Marktineffizienzen beruhen. Kurzfristige Gewinne lassen sich schwer replizieren, da sie oft auf Zufall oder temporären Marktphasen und Effekten beruhen.

Wären echte, risikoadjustierte, profitable Chancen im kurzfristigen Handel wirklich häufig, würden Hedgefonds diese systematisch nutzen und Quant Funds tun dies auch in der Praxis. Allerdings erfordern solche Gelegenheiten in der Realität erhebliche technologische und analytische Ressourcen. Nach Abzug von Transaktionskosten, Spreads und Gebühren sind diese Strategien für Privatanleger meist unattraktiv, da institutionelle Akteure durch Skaleneffekte und bessere Ausführung einen entscheidenden Vorteil haben.

Grund 2: Erwartungen

Der Traum eines Daytraders ist es oft, 1.000 % Gewinn in einem Jahr zu machen. Hedgefonds erwarten solche Prozentgewinne jedoch nicht. Gute Hedgefonds erzielen rund 20 % Rendite pro Jahr – ein sehr starkes Ergebnis, vor allem, wenn es über viele Jahre hinweg wiederholt werden kann.

Auch ich hatte Anfang meiner Zwanziger noch solche überzogenen Erwartungen. Ich wollte aus wenig Kapital in kürzester Zeit ein Vermögen machen – und war bereit, mit extrem hohem Risiko zu handeln. Rückblickend weiß ich: Hätte ich damals stattdessen mit einem moderaten Value at Risk von 15 % bis maximal 30 % gearbeitet, hätte ich mein Kapital erhalten und es über die Jahre stetig vergrößert. Mit Zinseszinseffekt wäre ich heute vermutlich schon längst stinkreich.

Denn genau darin liegt das Paradoxe: Wer versucht, mit 90 % Value at Risk 1.000 % Rendite zu jagen, fliegt oft schnell aus dem Spiel. Wer dagegen mit Bedacht vorgeht – wie viele Hedgefonds mit konservativen 15 % Value at Risk – kann über Zeit deutlich erfolgreicher sein. Als Retail-Trader hast du zwar die Freiheit, dein Risiko etwas höher anzusetzen, etwa auf 20–30 % VaR, aber alles darüber wird schnell zu einem großen Desaster, trotz gut gemeinten, ambitionierten Zielen.

Grund 3: Gefahr von großen Hebeln

Hedgefonds legen Wert auf möglichst geringe Schwankungen im Portfolio. Kurzfristiges Trading mit hohem Hebel erhöht die Gefahr großer Verluste durch einzelne menschliche Fehlentscheidungen oder unerwartete Marktbewegungen. Viele Hedgefonds sind deshalb konservativer als ihr Ruf und vermeiden Strategien, bei denen kleine Fehler sofort zu hohen Verlusten führen können.

Ein prominentes Negativbeispiel war der Hedgefonds Long-Term Capital Management (LTCM): Trotz eines Teams aus Nobelpreisträgern und ausgeklügelter marktneutraler Arbitragestrategien setzte LTCM auf kurzfristiges Trading mit extrem hohem Hebel. Als in der Asien- und Russlandkrise 1998 mehrere Märkte gleichzeitig entgegen den Modellerwartungen liefen, führten hochgehebelte Positionen zu massiven Verlusten und letztlich zum Zusammenbruch des Fonds.

Ein weiteres Beispiel ist der Fall der Barings Bank: Der Händler Nick Leeson versteckte jahrelang immer größere Verluste durch riskante Spekulationen mit Nikkei-Futures und extremem Hebel. Nach dem Erdbeben von Kobe 1995 liefen seine Wetten gegen ihn, was zu einem Verlust von 827 Millionen Pfund und zum Zusammenbruch der traditionsreichen Bank führte.

Kurzfristiges Trading

Sehr kurzfristiges Trading, also Daytrading oder Swingtrading über mehrere Tage – lockt mit der Aussicht auf schnelle Gewinne und der Möglichkeit, flexibel auf Marktbewegungen zu reagieren. Um in kurzer Zeit relevante Gewinne zu erzielen, musst du hohe Hebel nutzen. Das erhöht nicht nur das Gewinnpotenzial, sondern offensichtlich auch das Risiko. Fehler wirken sich direkt und oft überproportional aus, insbesondere wenn Emotionen wie Angst oder Gier zu impulsiven "All-in"-Reaktionen verleiten.

Gerade unerfahrene Trader haben mit einem Mix aus sehr hoher Erwartungshaltung, hohen Hebeln, hohen Prozentrisiken, Transaktionskosten und impulsiven Reaktionen – vor allem nach Verlusten – so gut wie alles gegen sich.

Das sind einige Nachteile. Doch auch wenn kurzfristiges Trading extrem schwierig ist und von großen Hedgefonds weniger betrieben wird, gibt es Wege, es professionell und strukturiert anzugehen. Das erfordert allerdings hohe Disziplin und klare Management-Regeln, die bei Ausführung einen echten – nicht zufälligen – Vorteil über mehrere Monate hinweg beweisen sollten.

Der Vorteil beim kurzfristigen Trading: Gerade der Diversifikator "Zeit" wird maximal genutzt, denn viele unabhängige Trades pro Jahr können statistisch gesehen die Account-Equity bei positivem Erwartungswert stark glätten, so dass ein schnell wachsender Zinseszinseffekt ermöglicht wird.

Propfirmen

In diversen Online-Propfirmen können Trader durch "Challenges" zeigen, dass sie mit striktem Risikomanagement und klaren Regeln profitabel handeln können – meist im Forex-, CFD- oder Futures-Bereich. Bestehen sie die Challenge, handeln sie mit dem Kapital der Firma und erhalten eine Gewinnbeteiligung. Die möglichen Tradingstile reichen von diskretionärem Swingtrading bis hin zu Intraday-Ansätzen und systematischen Strategien. Langfristiges Trading ist bei solchen Firmen meist nicht möglich.

Es gibt neben Forex- und CFD-Propfirmen auch klassische Propfirmen, z.B. SMB Capital in den USA. Hier handelt man nach erfolgreichem Bewerbungsprozess und intensiver Ausbildung als Vollzeit-Trader mit dem Kapital der Firma. Der Fokus liegt hauptsächlich auf Daytrading in liquiden US-Aktien während der Haupthandelszeit. Die Trader nutzen feste Strategien, klar definierte Setups und striktes Risikomanagement. Sie profitieren von professioneller Infrastruktur, Mentoring und Echtzeit-Feedback. Für EU-Bürger ist der Zugang zu solchen Firmen jedoch eingeschränkt, da häufig US-Staatsbürgerschaft und akademische Voraussetzungen wie GPA-Score verlangt werden.

Darüber hinaus gibt es in Finanzzentren wie London, Hongkong und Singapur einige institutionelle Firmen, die nicht nur im Eigenhandel Market Making betreiben, sondern daneben auch mit kurzfristigen, diskretionären Strategien wie z.B. Event-Driven und Long/Short-Ansätzen im kurzfristigen Futures- und Options-Trading, systematisch Profite generieren.

Aktien-Daytrading

Besonders während der US-Markteröffnung (15:30–17:00 Uhr MEZ) entstehen durch hohes Volumen und Volatilität oft chancenreiche Kursbewegungen. Mit einem Margin-Account ausgestattet, klaren Setups und konsequentem Risk Management, kann Daytrading in Aktien sinnvoll sein. Erfolgreiche Prop-Firmen in den USA zeigen, dass dieser Ansatz durchaus profitabel sein kann.

Futures-Trading

In liquiden Märkten wie dem S&P 500, DAX, Gold, Euro oder Öl sind die Spreads gering und die Ausführungen schnell. Wer sich auf die Haupthandelszeiten konzentriert und klare Strategien verfolgt, kann vom Futures-Trading innerhalb des Tages profitieren. Doch auch Swingtrading über mehrere Tage ist möglich.

Die Essex Traders sind ein bekanntes Beispiel für kurzfristig extrem profitables Futures-Trading:

Am 20. April 2020, als der Preis für US-Rohöl erstmals in der Geschichte unter null fiel, setzten neun Trader aus Essex – nahe London, organisiert über die Firma Vega Capital, massiv auf weiter fallende Preise, indem sie Futures-Kontrakte verkauften.

Als die Preise in wenigen Stunden von ca. 18$ auf bis zu −38$ pro Barrel fielen, konnten die Essex Traders ihre Short-Positionen mit großem Gewinn am Abend eindecken. Insgesamt erzielten sie an diesem Tag einen Gewinn von rund 500 Millionen USD.

Beispielportfolio Kurzfristiges Trading

Kurzfristiges Trading ist anspruchsvoll, zeitintensiv und ohne eine sehr hohe Disziplin meist nicht profitabel. Professionelle Trader in Propfirmen und kleineren Trading-Offices zeigen aber, dass es auch möglich ist, kurzfristige Strategien gewinnbringend einzusetzen. Es ist dabei wichtig, realistische Erwartungen zu haben und nur dann mit diesem Ansatz zu handeln, wenn ein nachweisbarer Erfolg über den Transaktionskosten vorliegt. Diesen Beweis kannst du erbringen, indem du über mehrere Monate hinweg mit Micro-Futures oder mit geringer Aktien-Stückzahl erfolgreich handelst.

Das Short-Term-Futures-Portfolio

Aufwand: ★★★★★

Risiko: ★★★★★

Marktneutralität: ★★★★☆

Beschreibung

Das Short-Term-Futures-Portfolio ist im klassischen Sinn kein breit diversifiziertes Portfolio, da in der Regel nur eine Position gleichzeitig gehalten wird. Die Diversifikation entsteht hier nicht durch gleichzeitige Exposure, sondern durch die Rotation in unterschiedlichen Futures-Märkten, basierend auf kurzfristigen Trends.

Der Vorteil dieser Strategie liegt im potentiell starken Zinseszinseffekt, sofern die Trefferquote und das Chance-Risiko-Verhältnis stabil bleiben. Der Nachteil: Viele Trader überschätzen den tatsächlichen Vorteil und unterschätzen die psychische und operative Belastung. Diese Strategie erfordert tägliches, diszipliniertes Management, hohe Frustrationstoleranz und systematische Fehlerkontrolle und ist dadurch langfristig anfällig für menschliches Versagen – eine Tatsache, die du durch emotionale Selbstkontrolle vermeiden solltest.

Empfohlene Mindestvoraussetzung

Es gibt keine Mindestvoraussetzungen außer folgende Regel: Es sollte möglich sein, mindestens 2 Micro-Futures-Kontrakte über Nacht zu halten. Ein Futures-Broker wie Ninjatrader, TradeStation, E-Trade, Interactive Brokers o.Ä. mit Datenfeed ist nötig. Zusätzlich brauchst du TradingView oder eine andere visuelle Chart-Plattform, um Live-Charts zu analysieren.

Management

Wie kann das Risiko in diesem Portfolio im Rahmen bleiben?

Die Risikoberechnung erfolgt in einem kurzfristigen Trading-System am Besten mittels einer Monte Carlo Simulation. Die folgenden Annahmen setze ich an das System: Der Erwartungswert liegt bei ca. 0,2 Risk-Multiple pro Trade, was etwa einer 40 %-Trefferquote und einem durchschnittlichen 1:2 Risk-Reward-Verhältnis entspricht.

Die Simulation mit einem Monte-Carlo-Risiko-Simulator (https://github.com/niclashummel/Risk-Simulator) zeigt einen erwarteten Drawdown (ca. 5 %-Chance – damit ungefähr gleichbedeutend VaR mit 95%-Konfidenz) von etwa 30 % bei 10.000 Durchläufen mit 500 Trades (im Schnitt 2 pro Tag) und einem durchschnittlichen Risiko von 1 % pro Trade. Bei Prop-Firmen, die häufig 10 %-Limits haben, müsste das durchschnittliche Risiko pro Trade entsprechend auf etwa 0,33 % reduziert werden.

Beachte, dass durch aktives Trademanagement, also Stop-Loss-Nachziehen und einer variablen Postitionsgröße, der durchschnittliche Verlust gesenkt wird.

Strategie

In meinem vorherigen Buch "12 Prinzipien für erfolgreiches Futures Trading" habe ich mich dem Thema Futures Trading ausführlich gewidmet. Eine meiner Hauptaussagen ist, dass kein klares Regelwerk, sondern praktische Prinzipien zum Erfolg führen. Diese Prinzipien sind absolut notwendig, um das kurzfristige Trading durchzustehen und dein Konto nicht an einem der vielen Tage plötzlich an die Wand zu fahren.

Prinzip I: Die Auswahl ist entscheidend

Mit mehr Auswahl an Trading-Instrumenten kannst du Opportunitätskosten sparen und findest bessere Risk-Reward Ideen. Hier ist eine Liste an liquiden Futures-Märkten, die sich für das kurzfristige Trading eignen:

- **Indizes:** DAX 40 (FDAX, FDXM, FDXS), S&P 500 (ES, MES), Nasdaq 100 (NQ, MNQ), Nikkei 225 (NKD, MNK)
- **Währungen:** Euro-Dollar (6E, M6E), Yen-Dollar (6J)
- **Metalle:** Gold (GC, MGC), Kupfer (HG, MHG)
- **Agrar:** Coffee (KC), Cocoa (CC), Live Cattle (LE), Wheat (ZW, XW), Corn (ZC, XC), Soybean (ZS, XK), Sugar (SB)
- **Anleihen:** Deutsche Bundesanleihen (FGBL), US-Treasury (ZN)
- **Energie:** Crude Oil (CL, MCL), Natural Gas (NG, MNG)
- **Krypto:** Bitcoin (MBT)

Generell kannst du zwischen Risk-On- und Risk-Off-Assets hier unterscheiden: Aktien und Rohöl sind Risk-On, sie profitieren bei risikofreudiger Stimmung und bewegen sich oft gemeinsam. Risk-Off-Assets wie Anleihen, Gold oder der Yen sind gefragt, wenn Unsicherheit herrscht. Meist sinken Risk-On-Werte, während Risk-Off-Anlagen steigen.

Prinzip II: Fokussiere dich auf ein hohes Chance-Risiko-Verhältnis

Es ist nicht notwendig, hohe Trefferquoten zu haben, also immer richtig liegen zu müssen. Gute Trader wissen das und fokussieren sich auf hohe Gewinne im Vergleich zu den Verlusten. Das sind profitable Systeme:

- 20 % Trefferquote und Ø 1:5 RR
- 30 % Trefferquote und Ø 1:3 RR
- 40 % Trefferquote und Ø 1:2 RR
- 50 % Trefferquote und Ø 1:1,2 RR

Ein sinnvoller Stop-Loss ist wichtig, um ein hohes RR zu erzielen. Dafür stehen mehrere Methoden zur Verfügung. Zum einen ist die Implizite Volatilität (IV) von kurzlaufenden Optionen interessant – diese preisen sogar anstehende Wirtschaftsnachrichten mit ein. Nehme die Hälfte des auf den Tag heruntergebrochenen Werts für eine sinnvolle Stop-Loss-Distanz.

Andere gute Faustregeln: Orientiere dich an ¼ der Distanz von vorigen Session-Ranges, z.B. der London-Session, wenn du am europäischen Morgen handelst. Oder nutze einen Indikator-basierten Stop-Loss wie die 2-fache ATR(14).

Prinzip III: Ein Trade nach dem Anderen

Gerade in kurzfristigen Zeitrahmen verhalten sich viele Märkte stark korreliert – insbesondere bei erhöhter Volatilität durch News-Impulse. Es gilt deshalb: Ein Trade nach dem Anderen.

Wer nach einem Verlust direkt den nächsten Trade erzwingt, läuft Gefahr, in eine ähnliche Marktdynamik erneut hineingezogen zu werden. Deshalb ist es besser, nach einem Verlust erstmal abzuwarten und zwar auf den nächsten Tag, neue Datenpunkte oder eine frische Trendumkehr. Denn auch wenn du technisch gesehen "Einen Trade nach dem Anderen" eingehst, kannst du faktisch trotzdem die gleiche Marksituation mit mehreren Positionen nacheinander überladen – ein gefährliches Verbundrisiko.

Effektives kurzfristiges Trading heißt nicht, jede kleine Bewegung zu mitzumachen, sondern diszipliniert nur die 1–2 echten Gelegenheiten pro Tag zu nutzen, die dir die Volatilität bietet. Alles darüber hinaus ist oft Illusion und führt langfristig zu einem schlechten Erwartungswert.

Für Fortgeschrittene: Ein zweiter offener Trade ist möglich, entweder als Pyramide oder Multi-Market Position, aber nur wenn der schon offene Trade im Gewinn ist oder das Risiko per Stop-Loss-Nachziehen reduziert wurde.

Prinzip IV: Die Makro-Perspektive gibt den Ton an

Ein guter Trader stellt sich nicht gegen offensichtliche Trends aus höheren Zeiteinheiten oder gegen logische, fundamentale Tatsachen.

Nutze reflexive Thesen wie z.B. "Die FED verspricht Erleichterung, Gold ist technisch überbewertet im Tageschart → Institutionelle könnten ihre Gold-Hedges nach FOMC Meeting auflösen."

Zusätzlich: Halte dich über geopolitische Nachrichten auf dem Laufenden und beachte einfache fundamentale Tatsachen wie

Zinsdifferenzen in Währungen, Inflationsrate, Arbeitsmarktdaten, Hauspreis- und Schuldenentwicklung in einem statistischen Kontext.

Prinzip V: Folge dem Trend

Bemerkenswert ist, wie häufig der EUWAX-Sentiment-Index bei klaren Aufwärtstrends eine überwiegend negative Anlegerstimmung anzeigt – und umgekehrt. Viele Privatanleger stellen sich gegen den Trend und verlieren dadurch regelmäßig Geld.

Du kannst die Macht des Trends nutzen, indem du Trendfolge als klare Strategie in deinem Trading nutzt. Einfache Methoden sind:

- **200er als Trendfilter:** Der 200 Moving Average fasst z.B. in einem 10-Minuten Chart den Trend der letzten 1,5 Tage zusammen. Preis über 200er: Long denken, Preis unter 200er: Short denken. 200er flach: Seitwärtsmarkt – raushalten.

- **Higher Time Frame Trend:** 10-Minuten-Chart gegenüber Stunden-Chart. Der Stundenchart zeigt mehr rote bzw. schwarze Kerzen? Nicht gegen diesen Short-Trend stellen!

- **Supertrend:** Der Supertrend-Indikator hilft dir, Trends einfach zu erkennen und basiert auf zwei Dingen: der Volatilität (gemessen mit dem ATR – Average True Range) und einem Trailing-Stop-Prinzip. Je stärker die Schwankungen, desto weiter liegt die Linie vom Kurs entfernt – das schützt vor Fehlumkehrungen. Wenn die Supertrend-Linie unter dem Preis ist, besteht ein Aufwärtstrend. Wenn die Supertrend-Linie über dem Preis ist, besteht ein Abwärtstrend.

Einstiegssignale gibt es viele. Wichtig ist, dass sie im Kontext des Trends Sinn machen. Hier sind zwei Beispiele für Einstiege mit dem Trend, die mit der Marktpsychologie spielen:

- **Pullbacks:** Wo würdest du deinen Stop-Loss platzieren? Wahrscheinlich an den letzten klaren Hoch- oder Tiefpunkt oder an ein Ausbruchslevel. Doch genau dort könntest du auch einen Einstieg platzieren – in Richtung des übergeordneten Trends.

- **Übertreibungen:** Der übergeordnete Trend ist long, aber der kurzfristige Trend hört einfach nicht auf, eine rote Kerze nach der anderen zu formen?
  Warte auf eine Candlestick-Formation, z.B. ein Engulfing, Hanner oder einen Morning-Star – daraus können gute Risk-Reward Einstiege in die Richtung des übergeordneten Trends entstehen. Kurzfristige Trader sind z.B. short eingestellt, übersehen aber, dass ihnen langsam die Luft ausgeht. Wenn kurzfristige Shorts ihre Position im Gewinn oder im Verlust schließen, entsteht Kaufdruck auf dem Weg nach oben.

- **Supertrend-Umkehrungen:** Wenn der Preis über die rote Linie handelt, ist das ein mögliches Kaufsignal und wenn er unter die grüne Linie handelt, ein mögliches Verkaufssignal.

Prinzip VI: Sei dort, wo das Volumen ist

Es ist nicht besonders sinnvoll, dort zu handeln, wo kein Volumen und damit keine Bewegung ist, z.B. vor der Markteröffnung oder mitten in der Nacht im DAX. Deshalb ist es wichtig, nicht den ganzen Tag zu traden, sondern nur dort, wo das Volumen entstehen kann. Mittags fällt das Volumen meist ab, auch abends.

Ein weiterer wichtiger Punkt ist, Orders nicht dort zu platzieren, wo alle sie setzen – an High-Volume-Zonen, sondern gezielt an vertikalen Low-Volume-Zonen im Session-Volumenprofil. Diese Bereiche werden oft von den wenigsten Tradern beachtet, bieten aber häufig

Potenzial für schnelle Bewegungen, weil der Markt dort weniger Liquidität hat und schneller wegbrechen oder "bouncen" kann.

Prinzip VII: Durchziehen bis zur Exit-Condition

Den Trade einfach abbrechen, weil du das Gefühl hast "es läuft nicht" ist ein No-Go.

Entwickle die Disziplin auf eine klare Bedingung zum Aussteigen zu warten und ertrage die Zwischenzustände bis zu diesem Ereignis. Jeder Trade, aus welchen Gründen er auch eröffnet worden ist, hat eine inhärente Chance, dir Geld zu erbringen.

Diese Trade Management Regeln helfen beim stoischen "Durchziehen" eines Trades:

- **Stop-Loss-Trailing:** nach 1:1,5 RR und nach einer gewissen Anlaufzeit z.B. 2 Stunden, kannst du den Stop-Loss um 30% oder etwas mehr reduzieren. Bei 1:4 RR kannst du 1:2 RR absichern.

- **Exit-Conditions:**

  - **End of Day:** Das ist oft ein Punkt, an dem Positionen geschlossen werden können.

  - **Übertreibungen:** 4 Kerzen mit großem Kerzenkörper hintereinander oder eine Kerze mit relativ großer Hoch-Tief-Spanne erscheint in deine Richtung: Ein Zeichen, dass der Markt übertreibt und es Zeit ist, auszusteigen.

  - **Trailing:** Eine stundenlang nicht gebrochene EMA(14) oder Supertrend-Linie bricht per Schlusspreis: Ein Signal zum Aussteigen.

Du weißt nie, wie sich ein Trade entwickelt. Ist er langsam, schnell oder hat er frustrierende Setbacks? Versuche, darauf nicht emotional zu reagieren und denke daran, dass die Börse immer wieder neue Chancen morgen oder übermorgen generiert.

Prinzip VIII: Reduziere dein Risiko, wenn Dinge nicht gut laufen

Für das Überleben deines Kontos ist es wichtig, manchmal vom Gas runterzugehen, je nachdem, wie gut du gerade im Markt fährst.

Manchmal entstehen aus unerklärlichen Gründen Performance-Löcher oder es gibt Phasen ohne klare Trends im Markt. In diesen Phasen reduzierst du einfach dein Risiko pro Trade ein wenig – etwa auf 0,3 %, um Kapital zu schonen und mentale Ruhe zu bewahren. Wenn du wieder im Flow bist, saubere Setups siehst und sich deine Trefferquote verbessert, kannst du schrittweise auf 0,5 % oder 0,7 % erhöhen.

Das Ziel ist nicht, ständig die maximale Positionsgröße zu fahren, sondern in guten Phasen zu verdienen und in schlechten möglichst wenig zu verlieren. So entsteht langfristig eine robuste Equity-Kurve mit geringeren Drawdowns und hoher Überlebenswahrscheinlichkeit.

Prinzip IX: Gewinne laufen lassen

Gewinne laufen zu lassen, heißt, dem Markt Raum zu geben, dir selbst zu vertrauen und nicht einzugreifen, nur weil du Angst hast, etwas zu verlieren.

Gewöhne dir an, manchmal den Screen abzuschalten und dich z.B. nach 3 Stunden oder am nächsten Tag vom Gewinn (oder Verlust) überraschen zu lassen.

Prinzip X: Es muss sich lohnen

Damit das kurzfristige Trading wirklich lohnend ist, musst du sicherstellen, dass du das notwendige Kapital mitbringst. Du hast ein Problem, wenn du einen Erwartungswert von 2 € pro Trade hast mit 40 Trades im Monat und es sich damit nicht lohnt. Das kann zur Aufgabe führen, bevor du überhaupt startest.

Erstmal Geld sparen und zu Beginn mit kleinem Risiko zu üben, ist eine Option. Die andere Option könnte eine Propfirma sein.

Prinzip XI: Manage deine Emotionen

Beim Trading und Investieren geht es immer wieder darum, Emotionen nicht zu unterdrücken, sondern sie zu managen.

Effektives Emotionsmanagement im Trading lässt sich durch verschiedene Techniken verbessern: Ein Trading-Tagebuch hilft, eigene Muster zu erkennen, und Priming – also das bewusste Visualisieren positiver und negativer Verhaltensweisen – schärft das Selbstbewusstsein.

Besonders wichtig ist das Vermeiden von Ankereffekt und Confirmation Bias: Beim Ankereffekt orientierst du dich zu stark an einer bestimmten Information, etwa dem Einstiegskurs, und blendest neue Fakten aus. Der Confirmation Bias führt dazu, dass du vor allem Informationen suchst, die deine bestehende Meinung bestätigen, und du Warnsignale ignorierst. Um diese Denkfehler zu umgehen, solltest du aktiv nach gegensätzlichen Meinungen suchen, deine Annahmen regelmäßig hinterfragen und bewusst auch widersprüchliche Daten in deine Analyse einbeziehen.

Zu guter letzt: Einrichtung einer positiven, dankbaren und glücklichen Lebensumgebung – sonst wird Trading eine "Lösung" für persönliche Probleme und damit automatisch ein Spiegel deiner inneren Unsicherheiten und emotionalen Herausforderungen.

Prinzip XII: Nichts tun ist eine wichtige Aktion

Bevor du eine finale Trading-Entscheidung fällst, sollte der letzte Gedanke immer sein, ob es nicht sinnvoller wäre, nichts zu tun. Warum fällt das so schwer? Wegen einer oft negativ bewerteten Ansicht in unserer Leistungsgesellschaft über das Nichts-Tun. Bewusstes Nichts-Tun ist aber unglaublich wichtig für erfolgreiches Trading, denn damit lässt du gefährliche Marktsituationen in Ruhe und lässt deine Gewinne länger laufen als deine Verluste. Es schützt außerdem vor Overtrading – eine der größten Gefahren im kurzfristigen Trading.

Was kannst du gegen einen potentiell destruktiven, ständigen Aktionsdrang unternehmen? Meditation ist eine gute Methode, um sich von einem blindem, destruktiven Aktionismus zu entfernen.

Tagesablauf

Wie sieht ein typischer Tagesablauf als kurzfristiger Trader aus?

Es gibt zwei wichtige Sessions, die London und die New York Session. Für beide kannst du dich folgendermaßen vorbereiten:

- **1–2 Stunden vor Session-Beginn:** Mentale Vorbereitung: Meditation. Priming – Erinnern an erfolgreiche Setups und Vorgehensweisen und das Durchgehen der letzten Fehler, um sie nicht nochmal zu wiederholen. Emotionen unter Kontrolle bringen. Positionsgröße für den Tag festsetzen.

- **15 Minuten vor Session-Beginn:** 3-Sterne News im Wirtschaftskalender checken (https://de.investing.com/economic-calendar) und das Trading um die Nachrichten herum ausrichten. Trends im großen Zeitrahmen checken (z.B. Stundencharts) oder sich am 200er EMA orientieren. Hypothesen aufstellen z.B: "Im DAX gibt es einen starken Aufwärtstrend, der gerade in

Korrektur ist. Wenn er sich während der Session auf 23.500 an ein voriges Ausbruchslevel bewegt und mit Volumen eine Umkehr bildet, würde ich kaufen" oder "Nach der FOMC Sitzung achte ich auf Erleichterungssignale und platziere einen Short auf Gold über mehrere Tage in der Annahme, dass Absicherungen gegen Marktcrashes aufgelöst werden." Mehrere solcher Thesen aufstellen, Übereinstimmung mit Makrothesen überprüfen und die besten 1–2 Ideen gewinnen lassen bei engerer Auswahl.

- **Während der Session:** Warten auf eingehendes Volumen, beobachten, ob sich Hypothesen ausspielen und eventuell Limit-, oder Stop-Order setzen, um an interessanten Leveln einzusteigen. Initiale Risikophase von offenem Trade managen. Danach: Exit-Conditions überprüfen. Eventuell Pyramidisierungen bei gut anlaufenden Trades.
Stoisch beim Durchziehen der eigenen Trade Management Regeln vorgehen.

- **Nach der Session:** Welche Trades sind noch offen? Wie manage ich diese?

- **Tagesende:** Entscheidung, ob das Risiko für Trade(s)-über-Nacht-Halten überschaubar ist. Wenn nicht: Hedgen, Rollen oder schließen. Tagebuch führen: Was lief gut? Was lief nicht gut? Auf Emotionen achten.

Variationen

Anstatt Futures kannst du auch CFDs handeln.

Die gleichen Prinzipien lassen sich auch auf Aktien-Daytrading anwenden.

Es ist durchaus möglich ein Extra-Konto für kurzfristiges Trading zu eröffnen und den Hauptteil, z.B. 85 % deines Nettovermögens, in eine der anderen Beispiel-Portfolios zu investieren. So profitierst du auf jeden Fall von starker Diversifikation und setzt keine übertriebenen Erwartungen an das kurzfristige Trading.

Fazit: Diversifikatoren

Der Weg zur finanziellen Freiheit basiert ganz klar auf dem Kernprinzip, Risiken durch möglichst viele unabhängige, qualitative und potentiell asymmetrisch auszahlende Geschäfte über eine lange Zeit hinweg zu streuen – ein Ansatz, den alle professionellen Hedgefonds nutzen.

Der erste Schritt für erfolgreiche Risikostreuung beginnt mit breiter Diversifikation über verschiedene Assetklassen wie Aktien, Anleihen, Rohstoffe und Immobilien, setzt sich fort über Regionen, Sektoren und Industrien. Zusätzlich kann das Verständnis makroökonomischer Kreditzyklen dich dabei unterstützen, zyklische Chancen und Risiken frühzeitig zu erkennen und deine Allokation flexibel an unterschiedliche Marktphasen anzupassen.

Wer darüber hinaus Long- und Short-Strategien einsetzt, kann nicht nur von steigenden, sondern auch von fallenden Märkten profitieren und so das Portfolio weiter stabilisieren. Allerdings steigen damit auch die Anforderungen an das Risikomanagement, denn falsche Einschätzungen, zu hohe Hebel oder ein Anstieg und falsche Berechnung der Korrelationen können das Gesamtrisiko drastisch erhöhen. Deshalb ist es essentiell, Risiko im Portfolio laufend zu analysieren und Risikokennzahlen wie den Value at Risk im Portfoliokontext zu überblicken.

Gerade bei konzentrierten Portfolios mit wenigen Einzeltiteln ist eine fundierte Analyse unverzichtbar, wie sie auch Hedgefonds mit fundamentalen Bewertungsmodellen und den vorgestellten Analysen betreiben.

Mit Derivaten geht es einen weiteren Schritt in Richtung Marktneutralität, was gleichzeitig auch eine höhere Komplexitätsstufe mit sich zieht. Die Mindestvoraussetzung, um dabei auf Augenhöhe mit Hedgefonds zu sein, ist das Verständnis von Option-Pricing und Optionsstrategien, so wie moderne Portfolio-Theorie. Absicherungen erweitern jedes Portfolio mit mehr Resilienz.

Zeitliche Diversifikation, also das Verteilen von Investitionen über verschiedene Zeitintervalle, ergänzt die klassische Diversifikation. Ich habe dieses Thema jedoch als letztes erwähnt, weil normale Investoren nicht unbedingt kurzfristige Trader sein wollen und wer sich dennoch dafür entscheidet, muss sich der Schwierigkeiten dieses Geschäfts stellen. Emotional frustrierende Ereignisketten sind das eine Problem – 4 Trades hintereinander verlieren und dann 1 großen Gewinn machen, gegenüber 5 Trades gleichzeitig halten und gar nichts machen – ein gewaltiger Unterschied.

Das andere Problem ist, dass Transaktionskosten bei Overtrading zu einem geringen Erwartungswert führen, aber das ist auch bei anderen Investment-Stilen eine große Falle. Außerdem erhöht sich logischerweise mit mehr Transaktionen die Chance auf Fehler im Risikomanagement. Dem kannst du allerdings praktische Handlungsprinzipien gegenüberstellen.

Letztendlich sollte Diversifikation immer darauf abzielen, das Gesamtrisiko eines Portfolios zu senken und nicht zu erhöhen – egal ob über verschiedene Anlageklassen, Long- und Short-Positionen, Strategien oder Zeitsequenzen. Wer dieses Prinzip diszipliniert und konsequent anwendet, schafft die Grundlage für nachhaltigen Börsenerfolg.

Meine eigene Erfahrung und die Taktik der erfolgreichsten Investoren und Hedgefonds-Manager zeigen: Erst die intelligente Verknüpfung einer oder mehrerer der 4 großen Diversifikatoren ermöglicht echte Outperformance in einem unsicheren, aber chancenreichen Marktumfeld.

Ich bin zuversichtlich, dass du Krisen überdauern wirst und deinen Reichtum Jahr für Jahr konstant wachsen lässt – mit einem Portfolio, das wie bei den Großen nicht auf Hypes, sondern auf strategische Stabilität setzt.

Viel Erfolg

Niclas

Danksagung

Brunhild Peters: Vielen Dank für deine Hilfe als unterstützende Lektorin.

Danke an meine Familie – für euren Rückhalt, eure Geduld und die Unterstützung während dieses Projekts.

Quellen

Die Aussagen dieses Buches basieren überwiegend auf den langjährigen praktischen Erfahrungen des Autors im Börsenhandel. Ergänzt werden diese durch die Lektüre zahlreicher Fachbücher, sowie durch die Auswertung von Artikeln, YouTube-Videos, Interviews mit Hedgefonds-CEOs, tiefgehende eigene Analysen: Google-Recherchen, und die Nutzung moderner Recherchetools wie ChatGPT und Perplexity – jeweils mit mehrfachen Qualitäts- und Faktenchecks.

Kontakt

https://www.risk-alpha.com

@riskalpha_ X ⓞ

Front-Cover

Foto verwendet mit freundlicher Genehmigung von Niinuee Bergmann (IG: @creationsbyniinue)

Screenshots

Alle im Buch verwendeten Screenshots wurden vom Autor selbst erstellt und dienen ausschließlich der Veranschaulichung. Die Rechte an den jeweiligen Benutzeroberflächen und Marken liegen bei den jeweiligen Unternehmen:

- **Interactive Brokers** – © Interactive Brokers LLC.
- **TradingView** – © TradingView, Inc.
- **FRED** – © Federal Reserve Bank of St. Louis
- **TradeRepublic** – © Trade Republic Bank

Haftung

Der Verlag und Herausgeber übernehmen keine Haftung für Links.

Daten

Nach Fertigstellung des Manuskripts im Mai 2025 könnten sich Anbieter-Webseiten, Trading-Produkte, Zahlen (z.B. über Marktkapitalisierungen von Kryptowährungen) und andere Gegebenheiten verändert haben.

Notizen

Risk-Alpha.com

UNLOCK YOUR FINANCIAL POTENTIAL

Über den Autor

Niclas Hummel ist seit 2013 ein aktiver privater Börsenhändler. Schon früh entdeckte er seine Leidenschaft für die Finanzmärkte und setzte es sich zum Ziel, von den größten Investoren dieser Welt zu lernen und die Märkte profitabel zu handeln. Dabei war der Markt selbst sein größter Lehrmeister. Auch heute noch ist er Trader, Portfolio-Manager und Coach.

Die Analysen und Handelsansätze des Autors sind geprägt von jahrelanger Erfahrung in unterschiedlichsten Marktphasen – von Bullenmärkten bis zu Krisenzeiten. Niclas Hummel ist bekannt für seine klaren, praxisnahen Erklärungen und seine Fähigkeit, komplexe Zusammenhänge verständlich zu machen. Viele Trader schätzen seine ehrliche, bodenständige Art und seinen Humor, mit dem er auch die steinige Entwicklung vom ahnungslosen Retail-Händler zum hoch ausgebildeten Finanzmarktprofi offen und ohne Schönfärberei schildert.

Sein Ziel: Andere Trader auf diesem Weg zu begleiten in einer oft von Unsicherheit und Übertreibung geprägten Branche – ehrlich, fundiert und mit Blick für das Wesentliche.

Er teilt alles, was er über den Börsenhandel gelernt hat, mit anderen, weil er der Ansicht ist, dass die Finanzbildung in öffentlichen Bildungseinrichtungen nicht ausreicht, um private Händler vor den Strategien der großen Player und Broker an der Wall Street zu schützen.